La Ciudadanía en los Estados Unidos:

Participación Responsable en la Vida Cívica de los Estados Unidos de América

Spanish language version of original work "American Citizenship: Responsible Participation in the Civic Life of the United States of America"

ISBN: 978-0-9886431-1-6

Prólogo

Los Estados Unidos de América han atraído inmigrantes durante toda su historia. Esta es una nación poblada por gente que dejó todo atrás para empezar una nueva vida aquí. Este ha sido el caso por cuatro siglos. Los primeros pioneros en la costa del Atlántico y aquellos en lo más recóndito del Suroeste tenían algo en común: todos se arriesgaron y se lanzaron a explorar lo desconocido. Los Padres Fundadores del país tomaron similares riesgos al romper con el yugo británico, arriesgando sus propias vidas en su intento de alcanzar su objetivo: el tener un país libre. Estos hombres sabían que los cimientos que estaban construyendo tenían que ser fuertes, pero flexibles. Unos años más tarde, libres ya del gobierno colonial, lograron plasmar los más altos ideales de la democracia y libertad en la Constitución de los Estados Unidos, comenzando así un gran experimento de gobierno en el cual el poder emanara de la gente directamente. Después de un comienzo vacilante, y a pesar de los retos que enfrentaron y los pasos mal dados a través de los años, el país floreció y se convirtió en un destino para gente de todas partes del mundo. Este sigue siendo el caso hoy en día, y el presente libro es para aquellos que han hecho, o aquellos cuyos antepasados hicieron ese mismo viaje a los Estados Unidos; lo cual quiere decir la mayoría de quienes vivimos aquí.

No escribí este libro con el fin de tratar el tema de inmigración. Lo hice para promover la importancia que tiene el asegurarnos que aquellos que llegan aquí de otros países adquieran un buen nivel de conocimiento de la historia de los Estados Unidos, de su situación actual, y del futuro por el cual ellos y sus hijos serán responsables. Mi intención es que el conocimiento adquirido en éste libro lleve a muchos a una más profunda apreciación del país y a una activa participación cívica y política, tan necesaria para el futuro bienestar de nuestra democracia.

Para los jóvenes que están recibiendo una educación en los Estados Unidos este libro puede ser útil como un suplemento a la historia ahí aprendida y como una obra que enlaza esta historia a la situación del país hoy en día. Para aquellos sin conocimiento previo o mínimo sobre la historia del país, el libro es una útil fuente de información y aprendizaje. Al iniciar con un repaso de historia de los Estados Unidos doy al lector un contexto en el cual ubicar hechos y sucesos diarios de su vida y del país en general. Las otras dos secciones del libro se enfocan sobre el estado actual de la nación, sobre algunos de los más importantes temas que definirán la vida norteamericana en ésta segunda década del siglo 21, y sobre el papel que los nuevos ciudadanos jugarán en la presente y futura vida de éste continuo experimento nacional llamado los Estados Unidos de América.

Creo firmemente que es importante adquirir el conocimiento aquí presentado, ya que el país se enfrentará a nuevos retos en el siglo 21, y solamente con una clara idea de que es lo que lo hace excepcional será posible que gente de diversos orígenes, y en todas partes del país se unan y continúen tratando de crear "una Unión más perfecta".

Alvaro García

Sugar Land, Texas, USA

Sígame en Twitter @AlGarciaGlobal

con comentarios de temas de inmigración, sociales, de negocios, políticos y de economía

Contenido

Resúmenes de Sección   **8**

SECCION 1 Historia de los Estados Unidos

Capitulo 1: Los orígenes del país, de la Prehistoria a los
1600s   13

Capítulo 2: Periodo Colonial, Guerra Revolucionaria e
Independencia:1600s a 1800   20

Capítulo 3: Una joven nación esta madurando: 1800 a
1860   40

Capítulo 4: Guerra Civil y expansión a ultramar: 1860 a
1918   54

Capítulo 5: Prueba de carácter: 1920 a 1945   72

Capítulo 6: La Guerra Fría: 1945 a 1960s   90

Capítulo 7: Los Estados Unidos modernos: 1960s al
2011   100

SECCION 2 Estado de la Union: Los Estados Unidos hoy en día

Capítulo 8: El actual estado de la Unión: La situacion
nacional   142

Capítulo 9: Los Estados Unidos y el mundo actual   174

SECCION 3 La renovación de la Unión

Capítulo 10: Enfrentando los retos nacionales actuales
con sentido común   196

Capítulo 11: El papel global de los Estados Unidos en el
siglo 21   245

Apéndice: Datos sobre los Estados Unidos   269

Bibliografía   297

Sección 1: Historia de los Estados Unidos

Capítulo 1-Los orígenes del país: prehistoria a los 1600s

Los indios americanos; exploraciones españolas, inglesas y francesas; los primeros colonos europeos, y por qué vinieron; grupos que se asentaron en Norteamérica entre 1620 and 1776, y cómo fueron recibidos.

Capítulo 2-El periodo colonial, la Guerra de Independencia y la Independencia: 1600s a 1800.

El comienzo de la expansión al oeste; las guerras Franco-Indias; nubes de tormenta sobre las colonias; la Fiesta de Té de Boston; la Guerra de Independencia; la Constitución de Estados Unidos y la Carta de Derechos.

Capítulo 3-Una joven nación madura: 1800 a 1860.

La compra de Luisiana; la Guerra de 1812; el Asunto de Texas; el Destino Manifiesto y la Guerra México-Americana; los derechos de los estados y la esclavitud; inmigración de otros países.

Capítulo 4-Guerra Civil y expansión en ultramar: 1860 a 1918.

La Guerra Civil y las enmiendas constitucionales 13, 14, 15; la Reconstrucción; Jim Crow en el Sur; la ola de inmigración de fin de siglo; creación del imperio y la

Guerra Hispano-Americana; la Primera Guerra Mundial y el papel jugado por Estados Unidos.

Capítulo 5-Prueba de carácter: 1918 a 1945.

El periodo entre las guerras; los Tumultuosos Veintes; la Gran Depresión y el *New Deal*; la Segunda Guerra Mundial.

Capítulo 6-La Guerra Fría: 1945 a 1960s.

El boom de la posguerra; la guerra de Corea; Estados Unidos como superpotencia, y la lucha contra el comunismo; la Carrera Espacial; la Crisis de Misiles Cubana

Capítulo 7-Los Estados Unidos modernos: 1960s al día de hoy.

El Movimiento de Derechos Civiles; los programas de la Gran Sociedad; la inmigración se reanuda; la Guerra de Vietnam; la crisis de petróleo de 1973 y Watergate; Ronald Reagan y el fin de la Guerra Fría; George H.W. Bush y la caída del comunismo; La Guerra del Golfo Pérsico; los años Clinton; América en el siglo 21: Los años de George W. Bush; el 11 de Septiembre de 2001; las guerras en Afganistán e Iraq; la globalización y los retos recientes de política exterior; una tercera Revolución Industrial; la crisis financiera de 2008-2009; la presidencia de Barack Obama.

Sección 2: El proyecto nacional hoy en día

Capítulo 8-La situación nacional.

Actual Estado de la Unión; la lucha actual para definir a los Estados Unidos; el cambio demográfico; la esfera política; la esfera económica; el tema del sector salud; tecnología, una nueva Revolución Industrial; energía; educación.

Capítulo 9- Los Estados Unidos y el mundo actual.

La importancia de la historia; el choque con la realidad: los 1990s y el nuevo milenio; el impacto perdurable de la Gran Recesión; la inmigración; la autoimagen Norteamericana en un mundo cambiante; Main Street y Wall Street; independencia energética y seguridad nacional.

Sección 3: La renovación de la Unión

Capítulo 10-Enfrentando los retos nacionales con sentido común.

Un rescate necesario; la educación, la mejor forma de salir adelante; independencia energética; nuestra deuda federal; programas de asistencia del gobierno; el sector privado en los Estados Unidos; el proceso político actual; la responsabilidad ciudadana; el sector salud; la tecnología y el crecimiento económico; el medio ambiente; la importancia de la producción agrícola; los impuestos; los medios de comunicación; la religión y la vida pública; el idioma en los Estados Unidos; la cultura nacional.

Capítulo 11-Los Estados Unidos y el mundo en el siglo 21

El papel de los Estados Unidos: evolucionando; los Estados Unidos y el Hemisferio Occidental; la globalización y el despunte de Asia; los Estados Unidos y el mundo árabe; la inmigración y el futuro del país; el peligro de sobre extenderse; pensamientos finales sobre la verdadera fuente del poder de los Estados Unidos.

Apéndice

El gobierno de Estados Unidos: una breve descripción de sus tres poderes; datos útiles sobre el país para aquellos quienes están actualmente siguiendo, o pensando en seguir, el proceso de ciudadanía, para aquellos en todo el mundo que tienen la intención de hacer lo mismo, o para todos aquellos que quieran repasar sus conocimientos.; lista de las 100 posibles preguntas para el examen de ciudadanía, con referencia a donde encontrar la respuesta en este libro; bibliografía y lectura recomendada.

SECCION 1

Historia de los Estados Unidos

Capítulo 1
Los Orígenes del País: Prehistoria a los 1600's

Los primeros asentamientos

El record arqueológico indica que el presente territorio de los Estados Unidos continentales fue poblado a través de migraciones que tuvieron lugar entre hace doce a veinte mil años. Tribus de cazadores y recolectores de Asia cruzaron el Estrecho de Bering, migraron al sur y se asentaron en las Américas, en un proceso que llevó varios miles de años. Grupos amerindios florecieron y desarrollaron culturas basadas en la cacería y la agricultura. Estas culturas lograron desarrollar avanzadas técnicas de construcción e irrigación, como es el caso de los Indios Pueblos en el área que hoy ocupan los estados de Colorado, Arizona y New México. Este desarrollo alcanzó un gran nivel en muchos lugares, como ha sido demostrado por ruinas arqueológicas en el Suroeste, y por la evidencia de un activo comercio entre las culturas del Suroeste norteamericano y las culturas Mesoamericanas ya en épocas tan tempranas como el periodo de Teotihuacán y el periodo clásico maya, alrededor de 500 D.C.

Después del redescubrimiento de las Américas in 1492 por Cristóbal Colón (es muy probable que los vikingos hayan llegado primero a Terranova, alrededor de quinientos años antes) los españoles comenzaron la exploración del Oeste, Suroeste y planicies centrales del área que hoy ocupa Estados Unidos. Varias expediciones a estas áreas fueron llevadas a cabo por los *conquistadores* Ponce de León, Cabeza de Vaca, Coronado, Cabrillo, y De Soto, entre otros. Siguiendo el patrón establecido en México y Perú, estas expediciones fueron generalmente motivadas por un deseo de obtener riquezas. Específicamente, los rumores de la existencia de las ricas ciudades de Cíbola y Quivira sirvieron como fuerza impulsora para varias de éstas expediciones. Los expedicionarios no tuvieron éxito en su intento de encontrar oro pero sí lograron incrementar el conocimiento europeo de los territorios de Norteamérica. Gracias a sus asentamientos en Cuba y en México la cartografía de toda la costa del Golfo de México fue completada por los españoles en las décadas siguientes a la conquista de México, que tuvo lugar en 1521. Hacia mediados de los 1500s, la mayoría de la costa de los Estados Unidos continentales ya había sido explorada. Entre los más importantes eventos en este periodo inicial de la historia de los Estados Unidos fue el establecimiento de San Agustín, el primer asentamiento Europeo en el país, fundado por los españoles en 1565 en lo que hoy es el estado de Florida.

Otras potencias europeas también estuvieron dedicadas a la exploración de las áreas de Norteamérica que eventualmente vendrían a formar parte de los Estados Unidos. Los franceses ampliaron su conocimiento del continente a través del comercio de pieles de animales que establecieron en las cuencas de los ríos San Lorenzo y

Mississippi. Pero fueron los ingleses quienes hicieron el más grande, y a fin de cuentas más exitoso esfuerzo de exploración y colonización con la fundación de sus colonias en la costa Noreste de Norteamérica. Sus primeros intentos, en 1586 y 1587, fueron uno abandonado y el otro destruido por las tribus locales, respectivamente. Pero después de la fundación de Jamestown en 1607, los ingleses tuvieron éxito en establecer más colonias. El viaje en 1619 del Mayflower, un pequeño barco que zarpó de Plymouth, Inglaterra hacia América con 56 gentes a bordo, marca el punto en la historia norteamericana a partir del cual la inmigración proveniente de Inglaterra se convirtió en algo constante, con consecuencias muy duraderas para el resto del mundo.

Aparte de los ingleses, gentes de otros países europeos también comenzaron a establecerse en colonias en Norteamérica. El más famoso ejemplo de estos fueron los holandeses, quienes fundaron Nueva Ámsterdam, ciudad que más tarde se convirtió en Nueva York cuando fue vendida a los ingleses por 24 libras esterlinas.

Estas exploraciones tuvieron motivos comerciales, científicos y geopolíticos. Los españoles habían demostrado, con su conquista de México, que existían muchas riquezas para aquellos que tuvieran el valor y la inteligencia para explorar y conquistar el Nuevo Mundo. De éste modo se inició una carrera para ver quién podía encontrar otra Tenochtitlán, como se había llamado la rica capital de los aztecas, u otro Imperio Inca.

Desafortunadamente para los colonos en Norteamérica, pero afortunadamente para el desarrollo futuro del país, no había más ciudades de oro, o ricas minas como las había en México y Perú. En lugar de esa emigración en busca de riquezas rápidas, muchos emigraron a América para evitar persecución política y religiosa. Aparte de compartir un deseo de vivir libres de la opresión, lo que la mayoría de ésta gente quería era tener algo de tierra que fuera suya, y la libertad para vivir y alabar a Dios como quisieran, sin tener que preocuparse del gobierno. Muchos de ellos llegaron prácticamente como esclavos, con el deber de pagar su pasaje del viaje transatlántico con su labor durante varios años. Pero aún así lo hacían, ya que la mayoría de los inmigrantes tenía poco que perder en su país de origen, y mucho que ganar al venir a ésta tierra lejana.

El cruce del Atlántico era un viaje largo y peligroso, y muchos barcos se hundieron en las tormentas tan comunes en ese océano. Pero para aquellos que sobrevivieron el viaje, el continente americano ofreció oportunidades sin igual. A pesar de los frígidos inviernos, del constante peligro de morir de hambre y de los nativos, frecuentemente peligrosos, la gente siguió llegando a ésta nueva tierra porque ofrecía oportunidad no igualada por ninguna otra.

Los indios que vivían en la Costa Este recibieron a éstos primeros colonos de diferentes maneras. Algunos fueron amigables y ayudaron a los recién llegados a adaptarse a su nueva tierra. La fiesta nacional estadounidense de *Thanksgiving* celebra uno de éstos casos que ocurrieron en 1621 en el cual los colonos festejaron una cosecha buena, hecha posible por la ayuda que los indios les habían proporcionado. Pero en muchas ocasiones los indios pelearon contra lo que correctamente vieron como una invasión de sus tierras ancestrales. Al aumentar la inmigración hubo choques constantes entre inmigrantes europeos e indios, y fue solamente a través del uso de armas de fuego, a través de enfermedades y por la simple fuerza de sus números que los asentamientos europeos en la Costa Este estuvieron más seguros contra los ataques de los nativos, quienes disminuidos en número se fueron replegando paulatinamente hacia el oeste.

Los ingleses gradualmente se dieron cuenta de la verdadera extensión de la tierra siendo tomada a nombre de la corona inglesa a través de expediciones como las de John Cabot, Francis Drake, y James Cook. Las nuevas tierras les dieron un alcance imperial que la pequeña isla británica nunca había tenido. Con los españoles enfocados primordialmente en sus ricos imperios de Centro y Sudamérica, la única verdadera competencia eran los franceses. Esto significó que las continuas exploraciones hechas por los ingleses fueran impulsadas por la necesidad de consolidar adquisiciones territoriales.

Inmigrantes de Europa continental también participaron en el esfuerzo colonizador. Grupos de Alemania, Escocia, Gales e Inglaterra dominaron inicialmente, pero también hubo grupos de holandeses y suecos en la presente área de Nueva York y Delaware. Mientras tanto los españoles continuaron su exploración del Sur y Suroeste y ampliaron las fronteras de la civilización europea en esa área al establecer misiones con el propósito de convertir a los indios al Cristianismo.

Nadie sabe cuánta gente vivía en Norteamérica en ésa época, pero se cree que eran varios millones. Los indios, como se les llamaba entonces, o americanos nativos como ahora también se les llama por ser los que estaban aquí antes que nadie, eran miembros de muchas tribus distribuidas por todo el continente. Estas tribus tenían una variedad de lenguajes y muy diversas costumbres. Entre dichas tribus, la Liga Iroquesa, los Choctaw, los Shawnee, y los Delaware fueron todos grupos importantes en el Noreste que estuvieron en contacto con colonos europeos en los primeros días de la colonización.

Las Planicies Centrales de Norteamérica, extendiéndose desde el Mississippi hasta las Montañas Rocallosas, y desde el presente territorio de Canadá hasta al sur del Rio Grande, fueron habitadas por tribus que dependían de la caza y la recolección de comida, frecuentemente siguiendo las grandes manadas de bisontes americanos (comúnmente conocidos como búfalos) cuando hacían sus migraciones. Los Sioux, Apaches y Comanches son ejemplos de las tribus que habitaban estas praderas y que tuvieron un papel importante en la historia de la colonización de la frontera oeste.

El caballo, llevado a México por los españoles en 1519, había encontrado un nuevo y propicio hogar en las abiertas praderas de Norteamérica. Caballos que se escaparon de las expediciones españolas fueron el origen de ésta fauna no nativa. En un gran ejemplo de adaptación entre hombre y animal, los caballos se convirtieron en indispensable parte de la vida de los habitantes de las praderas en los siguientes siglos. Este modo de vida continuó con pocos cambios

18

hasta el siglo 19, periodo en el cual la expansión al oeste de los Estados Unidos llevó a muchas tribus al conflicto directo con los colonos de origen europeo, un conflicto que duró décadas, pero que al final perdieron, perdiendo en gran parte también su cultura y su forma de vida.

Capítulo 2
El Periodo Colonial, la Guerra Revolucionaria y la Independencia: 1600 a 1800

El comienzo de la expansión hacia el Oeste

Conforme las colonias británicas continuaron atrayendo más inmigrantes de Europa, éstas se fueron expandiendo hacia el sur y hacia el oeste. Las posesiones de la corona en Norteamérica se convirtieron en una parte importante del creciente Imperio Británico y su población aumentó gradualmente, tanto a causa de la inmigración como por el crecimiento natural. Las relaciones entre las colonias y la Gran Bretaña se mantuvieron cordiales, y los colonos norteamericanos siguieron siendo leales súbditos británicos. Después de los asentamientos iniciales en Virginia la gente se asentó en otras áreas, fundando un total de trece colonias: *Massachusetts, New Hampshire, Rhode Island, Connecticut, Maryland, New York, New Jersey, Pennsylvania, Delaware, Virginia, Carolina del Norte, Carolina del Sur y Georgia*. A éstas se les conoce como las Trece Colonias, y siguen siendo hoy en día representadas en la bandera de los Estados Unidos con las barras rojas y blancas.

Las colonias fueron fundadas como lugares donde prevalecía la libertad religiosa. Cuando se inició la Guerra de Independencia en los 1770's las colonias ya llevaban atrayendo gente que buscaba un lugar donde profesar su religión sin miedo de persecución por más de ciento cincuenta años. Esta libertad de religión estaba en contraste con los países Europeos de ésa época, lugares donde la división entre protestante y católico estaba bien definida, y donde el conflicto entre los practicantes del Judaísmo, Islam, o Cristianismo en sus varias denominaciones había llevado a guerras sangrientas e intolerancia hacia las minorías.

Al ir creciendo y prosperando las colonias, se fue estableciendo un comercio muy activo con Europa. El tabaco, las pieles de animales y después el algodón eran exportaciones de alto valor que las colonias enviaban a Europa. A cambio de ellas recibían una gran variedad de bienes fabricados, té, especias y algo más que se convirtió en elemento crucial para el desarrollo del país: esclavos.

La esclavitud, algo que muchos países en ese tiempo seguían permitiendo, fue adaptada a las condiciones de las plantaciones americanas y se convirtió en un negocio gigante. Conforme la demanda por mano de obra creció, el tráfico de gente de África a las colonias europeas del Nuevo Mundo, incluyendo las británicas, se convirtió en un grande y sangriento negocio. Éste vergonzoso tráfico humano se convirtió en una base crítica de la economía de las colonias, especialmente aquellas del sur que dependían para su desarrollo económico de productos agrícolas producidos en plantaciones que requerían de una fuente inagotable de mano de obra, dada las condiciones de trabajo.

Norteamérica siguió siendo un punto de discordia entre las potencias europeas durante el siglo 18. Gran Bretaña,

Francia y España controlaban la mayoría del territorio, mientras que los rusos ganaron un área en la parte noroccidental del continente, lo que hoy es Alaska. Aparte de la Florida en la costa Atlántica, las áreas bajo soberanía española al oeste del Mississippi seguían sin ser exploradas en su mayor parte. Previos viajes de exploración se habían encontrado con vastas praderas y desierto sin aparente valor alguno. Los pueblos de San Diego y San José, en California, Santa Fe en Nuevo México, y las misiones cerca de El Paso del Norte, San Antonio, y Nacogdoches, en Tejas, llegaron a ser los aislados puestos de avanzada de la Nueva España, como a México se le conocía en aquel entonces. En contraste con esta tierra, tenuemente poblada, seca y montañosa, la tierra al este del Mississippi, y hacia el norte hasta llegar a la Bahía de Hudson era rica en recursos, y por lo tanto el foco de esfuerzos franceses y británicos por ejercer control sobre ella.

Durante la primera mitad del siglo 18 se suscitó una constante competencia para explorar y colonizar estas áreas. El empuje británico al oeste desde las colonias de la costa fue contrarrestado por los franceses con la exploración y subsecuente explotación de la cuenca del San Lorenzo y, muy importantemente, la del Rio Mississippi y su red de tributarios hasta el Golfo de México. Esto era importante porque al tomar posesión de éstas tierras para la corona francesa a lo largo del gran río con su cauce de norte a sur, los exploradores y tramperos efectivamente establecieron un límite occidental al futuro crecimiento de las colonias británicas en Norteamérica.

Las guerras Franco-Inglesas

La expansión de la colonización en el Este de Norteamérica llevó a conflictos no sólo con los indios, sino también entre colonos europeos. Las tensiones llevaron a guerras en 1689, 1702 y 1744 en las cuáles se vieron envueltos los franceses, los ingleses y sus respectivos aliados indios. Los conflictos tuvieron como consecuencia que el control político del continente estuviera indeciso por varias décadas. La culminación de estas tensiones vino en la llamada Guerra Franco-India de 1754-1763. En uno de los momentos más decisivos de esta guerra, la batalla de Quebec en 1759, el comandante militar francés, el Barón de Montcalm, fue forzado a rendir la ciudad después de un largo sitio. Esta derrota dio un golpe fuerte a las ambiciones territoriales francesas en Norteamérica. Las hostilidades continuaron por varios años, pero eventualmente una paz fue acordada, y el Tratado de París de 1763 estableció claras fronteras entre los territorios franceses y británicos en Norteamérica, quitando la amenaza de una invasión francesa desde el norte.

Nubes de tormenta cubren a las colonias

Los dominios británicos habían crecido hasta llegar a trece colonias, como fue dicho antes: New Hampshire, Massachusetts, Rhode Island, Connecticut, New York, New Jersey, Pennsylvania, Delaware, Maryland, Virginia, Carolina del Norte, Carolina del Sur y Georgia. Las guerras contra los franceses y sus aliados indios habían sido caras, y el tesoro británico estaba bajo a consecuencia del dinero gastado. Con el fin de que las colonias contribuyeran a lo que el gobierno británico en Londres alegaba era su defensa contra futuros ataques los británicos, en esa época bajo el rey Jorge III, implementaron un alza en los impuestos sobre la importación de melaza, que era usada para destilar licor. Esto causó consternación entre algunos de los colonos, quienes correctamente sintieron que sus voces de protesta contra este impuesto no habían sido escuchadas en Londres. Tal sentimiento se generalizó y llevó a quejas sobre la injusticia de la situación. Los impuestos fueron pagados, pero la tensión entre Londres y las colonias, ya muy clara en éste periodo, aumentó aun más.

La segunda acción que incrementó la desilusión de los colonos hacia Inglaterra fue la entrada en vigor del "Stamp Act de 1765" (Acta de Estampa de 1765). Este intento por parte del parlamento británico de gravar un impuesto a los colonos fue opuesto por muchos. Primero Virginia, y luego otras colonias, se rehusaron a pagar impuestos, basándose en el argumento de que no tenían representación en el parlamento británico. Esta oposición dio nacimiento al clamor de *"No taxation without representation"* (No a los impuestos sin representación) el cual se convertiría en una poderosa idea para los colonos norteamericanos en el cercano futuro.

Las piezas finales de la legislación que puso a las colonias en un curso de colisión contra el Reino Unido fueron la "Quartering Act" (Acta de Acuartelamiento), la "Revenue Act" (Acta de Recaudación), y la "Suspension Act of 1767" (Acta de Suspensión de 1767). Estas actas forzaron sobre los civiles el acuartelamiento y manutención de un ejército británico en suelo americano, gravaron impuestos en una variedad de bienes, y suspendieron la legislatura de Nueva York por su desafío al parlamento. El impacto combinado de estas leyes fue el convencer aun más a los colonos norteamericanos de que estaban siendo gobernados injustamente. Estas acciones, junto con la Masacre de Boston de 1770, en la cual murieron civiles a manos de tropas británicas, incrementaron la atmósfera de falta de confianza ya existente, y confirmaron la opinión de muchos de que los británicos no escucharían sus agravios.

La Fiesta de Té de Boston

Así estaba la situación a principios de los 1770's. Después de estar en un estado de constante conflicto con Gran Bretaña por casi una década, muchos colonos se habían convencido de que tendrían que defender sus derechos con más fuerza en el futuro. Desalentados porque el Parlamento impuso un impuesto sobre la importación de té en 1774, un gran número de gente se reunió en Boston para demostrar con protestas su oposición a la medida. Varios miembros de éste grupo acabaron echando al agua cargamentos de té de un barco anclado en el puerto de Boston. Este acto de abierto desafío, conocido desde entonces como "Boston Tea Party" (La Fiesta de Té de Boston) solo sirvió para aumentar la determinación británica a disciplinar a las colonias rebeldes y a los líderes del movimiento contra el poder imperial.

Como respuesta al desafío de la multitud en Boston, el gobierno británico declaró que el puerto de Boston sería cerrado al comercio marítimo. Como castigo adicional el Parlamento ordenó el cierre de la legislatura de la colonia de Massachusetts. Estas acciones tuvieron el resultado de crear más unidad entre las trece colonias, quienes se vieron en una lucha común en contra de un gobierno injusto, un gobierno cuyas leyes estaban cada vez menos dispuestos a obedecer.

En 1774, se hizo un llamado convocando a delegados de todas las colonias para que asistieran a un Congreso Continental que discutiría la disputa. Este congreso se reunió en Filadelfia en 1774 e inmediatamente se dedicó a la tarea de llegar a un acuerdo sobre cómo defender los derechos de los colonos norteamericanos. Después de pasar un mes y medio en sesión, el congreso emergió con un documento llamado "The Continental Association" (La Asociación Continental). Este documento formalizó un frente común contra la opresión británica, haciendo simultáneamente un llamado a los norteamericanos a que se apoyaran mutuamente con el espíritu que había guiado a las colonias desde su fundación.

La Guerra de Independencia: acciones iniciales

Los británicos inicialmente vieron el desafío de sus colonos en América como un problema que sería fácil de resolver con las tropas acuarteladas en las colonias. Sin embargo, los hechos pronto demostraron que la situación militar no les era tan favorable como ellos pensaban y que la rebelión sí tenía apoyo popular generalizado. Después de los enfrentamientos iniciales en Lexington y en Concord,

Massachusetts, en Abril de 1775, inmortalizados por el escritor Ralph Waldo Emerson como *"el disparo escuchado alrededor del mundo"*, los británicos se dieron cuenta que la milicia norteamericana tenía que ser tratada con respeto. Las tácticas de sus francotiradores, conocedores del terreno y acostumbrados a usar sus armas en la cacería, hicieron del ciudadano-soldado una amenaza militar para la cual los regulares del ejército británico no estaban preparados, resultando en muchas bajas en las fuerzas imperiales.

Estos encuentros iniciales en Massachusetts fueron los primeros de muchos en una guerra que duró varios años. El siguiente encuentro militar de importancia, la Batalla de Bunker Hill, tuvo lugar cerca de Boston en Junio 1775. Bunker Hill fue un encuentro armado en el cual los británicos quedaron victoriosos y en posesión del campo de batalla. Sin embargo, esta victoria fue alcanzada pagando un alto precio; el ejército británico sufrió muchos muertos y heridos en comparación con las bajas sufridas por los colonos, lo cual dio a ver a los militares ingleses que la guerra que habían escogido librar sería una guerra sangrienta.

Una vez que las hostilidades comenzaron, y después de verse claramente que los británicos no tenían ninguna intención de escuchar los agravios de los colonos y que estaban dispuestos a aplastarlos, algunos delegados en Filadelfia, quienes habían sido llamados una vez más para una segunda sesión del Congreso Continental, comenzaron finalmente a ver a su movimiento como uno de independencia de Gran Bretaña. Las discusiones que se tuvieron fueron serias, ya que se estaba jugando mucho de por medio, y las diferencias entre las colonias resultaron ser claramente profundas. Sin embargo, disputas económicas y políticas entre las colonias fueron hechas cuidadosamente a un lado con el objetivo de mantener un frente común. Fue en este punto en el que George Washington, un hombre nacido en las colonias que había adquirido amplia experiencia militar luchando junto a los ingleses contra los franceses, fue elevado al rango de general y puesto a cargo del Ejército Continental, cuyos efectivos habían aumentado rápidamente hasta llegar a varios miles, que podían ser reforzados con las milicias locales si fuera necesario.

Las fuerzas de Washington parecían ser fuertes, pero sus números engañaban. La mayoría de éstos hombres no tenían ninguna disciplina o entrenamiento militar y había pocos oficiales con experiencia militar disponibles para dirigir a las tropas. Los siguientes movimientos del ejército de Washington fueron un asedio de Boston, en Massachusetts, y un ataque simultáneo contra el Quebec británico, en Canadá. El asedio de Boston, llevado a cabo con gran eficacia por Washington y sus hombres, terminó con una apresurada retirada de Howe, el comandante británico, a Halifax, Canadá, en Marzo de 1776. La expedición al Quebec, a pesar de ser un hecho heroico en los anales militares por haber cruzado una vasta área sin civilización entre las colonias inglesas y Canadá, acabó con la derrota de la fuerza expedicionaria.

La retirada británica de Boston dio nuevos ímpetus a aquellos que abogaban por un rompimiento formal con Gran Bretaña. Muchos en el Congreso Continental todavía se oponían a este cambio drástico. Sin embargo, la respuesta británica a la insurrección, la cual incluyó un alto al comercio con las colonias y la autorización a la *Royal Navy* de abordar navíos estadounidenses, convencieron a muchos de que la ruptura con Gran Bretaña era permanente. Finalmente todos los delegados al Segundo Congreso Continental acordaron firmar la Declaración de Independencia, la cual rechazaba la soberanía británica sobre las colonias y establecía un país independiente. La fecha fue el 4 de Julio de 1776, un día celebrado desde entonces como Día de la Independencia en los Estados Unidos. La Declaración, escrita en su mayor parte por Thomas Jefferson, un delegado de Virginia, estipuló un cierto número de derechos que todos los hombres deberían tener, entre ellos el famoso derecho a *"la vida, la libertad y la búsqueda de la felicidad"*.

Los signatarios fueron acusados de traición por los británicos, crimen que era castigable con la muerte. Sin embargo estos hombres se habían convencido de que la era del poder absoluto, sin representación, había llegado a un fin en su tierra, los recientemente nombrados Estados Unidos de América.

La Guerra de Independencia: la lucha continúa

Mientras que un nuevo país, independiente de Gran Bretaña, iba naciendo, las acciones militares que eran necesarias para hacerlo una realidad duradera continuaron, con resultados variables para la causa de los Estados Unidos. Los británicos se reagruparon después de su retirada de Boston, y ya más conscientes de la amenaza militar que significaba el ejército estadounidense, atacaron a las tropas de Washington con toda la fuerza a su disposición, tanto en tierra como en mar. Washington se escapó de una derrota catastrófica en Long Island, New York, solamente gracias a su genio táctico y a una racha de clima poco favorable para operaciones militares que ayudó a su retirada hacia la isla de Manhattan. Pero este respiro duró poco tiempo y el Ejército Continental se vio forzado a retirarse de Manhattan bajo fuego combinado del ejército y la armada británicas. Washington siguió guiando e inspirando a sus hombres durante los difíciles meses de 1776 a pesar de que la retirada a la que se vieron forzados marcó un punto bajo en la moral de sus hombres y del pueblo estadounidense en general. Una vez que la emoción inicial había pasado, los miembros de la milicia se habían dado cuenta que el pelear una guerra contra un poderoso enemigo que controlaba el mar era una tarea llena de peligro. Los soldados estaban hambrientos y sus vestimentas no los protegían adecuadamente del inclemente frío. La mayoría de ellos no había recibido nada de paga durante semanas y la deserción se convirtió en un problema serio.

Habiendo ganado una victoria muy importante, los británicos siguieron presionando y el Ejército Continental fue perseguido a través de New Jersey. Fue aquí donde Washington hizo uno de los movimientos más decisivos de la guerra. Con los británicos y los mercenarios europeos que les servían como tropas extras enfrascados en la persecución, y confiados de una pronto victoria, Washington aprovechó esta excesiva confianza y lanzó un contraataque al cruzar el río Delaware el día de Navidad de

1776, atacando al enemigo en su campamento de Trenton, Nueva Jersey. Esta batalla, clave en la historia de los Estados Unidos, no solamente dio una victoria al Ejército Continental, sino que también revivió la confianza de las tropas en su comandante en jefe y en su propia habilidad para derrotar al enemigo.

Los siguientes tres años fueron testigos de continuos enfrentamientos entre ambos ejércitos, y lo largo del conflicto llegó a demostrar en Inglaterra lo que ni siquiera había sido considerado al principio, que la rebelión tenía una buena posibilidad de tener éxito. Otras victorias militares fueron alcanzadas por ambas partes, pero los Estados Unidos gradualmente ganaron la ventaja. Los líderes estadounidenses estaban muy conscientes de que ésta guerra requeriría paciencia y perseverancia contra un enemigo debilitado por su excesiva confianza, largas líneas logísticas de aprovisionamiento, y malas decisiones. El valor que demostró el Ejército Continental en Saratoga, Nueva York, resultó en la derrota del general británico John Burgoyne y en la rendición del gran ejército que dirigía. Sin embargo, esta victoria norteamericana fue disminuida por derrotas en las batallas de Brandywine y Germantown, en Nueva York también, donde las tropas de Washington perdieron las acciones contra una mejor organizada fuerza de regulares británicos, al punto que estas acciones hicieron posible la captura de Filadelfia a manos británicas.

Mientras estos eventos sucedían en el campo de batalla, el Congreso Continental le había otorgado poderes a Benjamín Franklin (famoso también como científico) y a otros emisarios para negociar con países europeos que

31

estuvieran dispuestos a apoyar la causa estadounidense. Los más importantes objetivos de este esfuerzo eran España y Francia. Los emisarios albergaban la esperanza de poder usar la tradicional rivalidad de ambos países en contra de Inglaterra. Este era especialmente el caso con Francia, ya que existía un gran deseo en ese país por vengar la derrota sufrida a manos británicas en Norteamérica en 1763.

La estrategia era muy lógica. Después de todo, los franceses ya habían proporcionado ayuda financiera a las colonias durante la lucha, y el Marqués de Lafayette, un noble francés, se había convertido en uno de los oficiales claves de Washington desde poco después de su llegada de Francia en 1775. Esto había ayudado a popularizar la causa americana en Francia, lo que significó que las negociaciones tuvieron lugar en un ambiente favorable para un acuerdo. Después de largas negociaciones, los franceses acordaron en 1778 dar su apoyo y pelear junto a los Estados Unidos contra los británicos, lo cual permitió a Francia jugar un papel decisivo en la historia del país. A pesar de que estos eventos son frecuentemente ignorados por la mayoría de la gente en los Estados Unidos, quienes generalmente aprenden más sobre las alianzas entre ambos países en el siglo veinte, es muy importante recordarlos porque hicieron la guerra mucho más difícil para los británicos, convirtiéndola eventualmente en un conflicto del cual no podían salir victoriosos, y facilitando la independencia de los Estados Unidos.

La Guerra de Independencia: fase final

Los británicos tuvieron que alterar su estrategia militar para contrarrestar la entrada de Francia en la guerra. Como resultado se enfocaron en usar su poderío naval para atacar las colonias francesas en el Caribe, y también decidieron atacar el Puerto de Charleston, en Carolina del Norte. La secuela a este exitoso asedio a la ciudad sureña fue una victoria británica en la Batalla de Camden, al norte de Charleston, en 1780. Otras acciones en Cowpens y en Kings Mountain favorecieron a los americanos, pero la batalla de Guildford Court House fue una victoria británica, dejando indeciso el ganador de la campaña sur en 1780 y 1781. La guerra en estas colonias del sur continuó con otras batallas en Hobkirk's Hill y Eutaw Springs, victorias británicas ganadas a gran costo contra el general estadounidense Nathanael Greene.

Complicando aún más la campaña del sur para los británicos, el Conde Bernardo de Gálvez (en honor al cual la ciudad de Galveston, Texas, fue nombrada), gobernador español de la Luisiana, lanzó una invasión para erradicar las fuerzas británicas del valle del Mississippi y de Florida en 1779 y 1781, ayudando de esta manera a la causa norteamericana. Estas acciones probaron la importancia de la alianza entre los Estados Unidos, Francia y España. La guerra aún continuaba en 1781 cuando el genio diplomático de Washington, combinado con su conocimiento estratégico y su uso efectivo de la armada y el ejército francés les dieron a los estadounidenses la victoria decisiva que tanto buscaban.

El control marítimo ejercido por la *Royal Navy* les daba a los comandantes británicos la ventaja, ya que podían influenciar batallas cerca de la costa, y mover hombres y pertrechos a donde quisieran. Mientras que eventos en Norteamérica continuaron indecisos, los británicos enviaron refuerzos en grandes números, con el fin de aplastar la rebelión finalmente. Su ataque al sur fue posible por el control marítimo que tenían y por la ausencia de la flota francesa, ocupada en su propia lucha contra la *Royal Navy* en el Caribe.

Mientras los ejércitos planeaban su campaña de primavera durante el invierno de 1780-1781, Lord Cornwallis y George Clinton, los comandantes británicos de más rango en Norteamérica, no se lograban poner de acuerdo en una estrategia para su lucha contra los estadounidenses (Middlekauf, p.580). Washington, cuyo ejército también ya incluía tropas francesas para éste entonces, consiguió rodear a Cornwallis en Virginia, forzándolo a adoptar una posición defensiva detrás de fortificaciones construidas apresuradamente. Animada por Washington a participar en la campaña en un momento en que tenia a Cornwallis rodeado en Yorktown, la flota francesa, capitaneada por el Almirante De Grasse, interceptó a la flota británica de refuerzo viniendo de New York con la intención de ayudar a Cornwallis. La armada francesa derroto al *Royal Navy* en la Batalla de Chesapeake, negándole a Cornwallis los refuerzos que tanto necesitaba y permitiendo a Washington mantener a los británicos rodeados en Yorktown. Al darse cuenta que su ejército, la principal fuerza británica en América en ese momento, estaba atrapado entre las fuerzas de Washington en tierra y la flota francesa de las Indias

Occidentales en el mar, Cornwallis prefirió rendirse, haciéndolo el 19 de Octubre de 1781. En una demostración de tacto diplomático, Washington le escribió a De Grasse agradeciéndole la acción, y dándole crédito por la victoria sobre los británicos (Mahan, p. 399). La rendición de Cornwallis en Yorktown finalmente marcó el fin de las grandes operaciones militares de la Guerra de Independencia.

Así fue que, después de seis años de conflicto, los británicos se vieron incapaces de mantener control sobre sus colonias americanas y tuvieron que aceptar un armisticio. Las fuerzas de Cornwallis no eran las únicas fuerzas británicas en América, pero Yorktown marcó el fin del conflicto militar y orilló a los británicos a buscar una paz que tanto ellos como los estadounidenses ya deseaban alcanzar.

Esta paz fue formalmente acordada con el Tratado de París de 1783. El tratado estableció la frontera entre Canadá, que siguió siendo una colonia británica, y los nuevos, independientes Estados Unidos. El país era libre, pero había muchos desacuerdos sobre qué tipo de poderes deberían ser investidos en el nuevo gobierno. El general Washington, hoy en día llamado *"Father of the Country"* (Padre de la Nación), rindió parte a las autoridades civiles del Congreso Continental en 1783, sometiéndose a su autoridad al abandonar su posición, estableciendo de esta forma un crucial precedente de la autoridad civil sobre la militar que ha sido un fundamento de la democracia de los Estados Unidos desde entonces. Pero éste no fue el fin de su servicio público. Cuando el nuevo gobierno fue eventualmente establecido, Washington fue elegido el primer presidente de la nación.

La Constitución de los Estados Unidos

Una vez que se hizo el tratado de paz con Gran Bretaña, los líderes de la nación se dedicaron a intentar llegar a un acuerdo sobre numerosos temas que tenían que ser resueltos para definir más claramente su nueva creación. Las colonias se habían unido contra los británicos, pero en realidad existían grandes diferencias entre ellas. Había muchos desacuerdos sobre la forma de gobierno que el nuevo país debería tener. Habiendo librado una guerra para liberar las colonias de una monarquía totalitaria, muchos delegados reflejaban la opinión del público al oponerse a un gobierno central fuerte. La república también estaba hundida en deuda y sin fuentes de ingresos para pagarla.

El periodo entre el cese de hostilidades y el establecimiento de una nueva, más permanente forma de gobierno para el país fue uno de constantes negociaciones y diferencias políticas entre las colonias. Las colonias inicialmente establecieron un gobierno bajo los Artículos de la Confederación, pero el poder central limitado y la necesidad de tener mayor unidad para poder presentar un frente común contra cualquier invasión mantuvo activa a las clases políticas en su búsqueda de un gran acuerdo que satisficiera suficientemente a las diversas colonias. Como parte de este debate una serie de ensayos, conocidos como *"The Federalist Papers"* (Los Papeles Federalistas) fueron escritos por James Madison, Alexander Hamilton y John

Jay, todos ellos usando el pseudónimo "Publius" y apoyando la ratificación de la Constitución.

Ni los Federalistas, quienes estaban a favor de un fuerte gobierno central, ni aquellos que se oponían a la idea, conocidos como los Anti-federalistas, obtuvieron todo lo que querían. Sin embargo, a través de difíciles negociaciones, los delegados a la Convención Constitucional que tuvo lugar en Filadelfia en 1787 con la mira de crear las bases para un nuevo gobierno, pudieron llegar a acuerdos sobre los asuntos más debatidos. Entre ellos, la esclavitud era uno de los que más dividían, amenazando con arruinar las negociaciones. Este tema que creó tanta división entre los delegados vino siendo resuelto con el llamado "acuerdo de las tres quintas partes", el cual estipuló que, para fines de representación, un esclavo contaría como tres quintos de cada hombre libre. Este fue el método usado por los delegados para hacer a un lado el conflicto y lograr que la Constitución fuese aprobada por todos los delegados. Sin embargo, esta decisión también pospuso la búsqueda de una solución a un problema fundamental que, siendo dejado a fuego lento, estuvo a punto de destruir al país décadas más tarde.

El documento que resultó de esta convención, la Constitución de los Estados Unidos, conocida como la suprema ley de la nación, es uno de los documentos políticos más importantes de todos los tiempos. Inicia con las famosas palabras *"We the People…"* *(Nosotros el Pueblo…),* establece y define la forma de gobierno que el país tendrá, y también protege los derechos básicos de los ciudadanos. La Constitución estableció la separación de poderes del nuevo gobierno a través de un sistema de verificaciones y balances entre los tres poderes. Al establecer un poder ejecutivo con un Presidente y un Vice Presidente, un poder legislativo con un Senado y una Cámara de Representantes para representar a los habitantes de los estados, y un poder judicial formado por una Suprema Corte con nueve jueces designados por el Presidente y aprobados por el Senado, los creadores de la Constitución trataron de asegurarse de que el país evitara concentrar todo el poder en una sola persona o rama del gobierno, y crearon un "estado de derecho" en el cual nadie, incluyendo los líderes, estuviera por encima de la ley con demasiado poder.

Se vio claramente casi desde la adopción de la Constitución que había una necesidad de más grandes y más específicos esfuerzos que directamente estipularan las ideas que el país seguiría en el ámbito de libertad de expresión, religión, derechos judiciales de los ciudadanos, tales como el derecho a juicio con jurado, etc. Estos esfuerzos llevaron a la redacción de varias enmiendas, o modificaciones, constitucionales a las cuales se les llegó a llamar *"The Bill of Rights"* (La Lista de Derechos). Estas diez enmiendas establecieron muchos de los derechos, tales como libertad de expresión y libertad de religión, que continúan siendo base de la democracia en los Estados Unidos. Es un testimonio a la grandeza del documento el hecho de que continúe siendo la base de gobierno hoy en día, más de dos siglos después de haber sido escrito. El documento original fue tan bien redactado que a pesar de los grandes cambios en el país durante más de dos siglos, el número de enmiendas que se le ha hecho para tratar con diversos temas ha sido limitado. Cada una de estas enmiendas ha sido debatida y aprobada solamente después de un periodo en el que se consideraron los aspectos meritorios de la idea cuidadosamente. Aparte de las diez enmiendas iniciales del "Bill of Rights', la Constitución de los Estados Unidos ha sido enmendada diecisiete veces más, para un total de veintisiete enmiendas.

Capítulo 3
Una Joven Nación Está Madurando: 1800 a 1860

La Compra de Luisiana

Los Estados Unidos comenzaron el nuevo siglo prosperando, creciendo en población, y avanzando gradualmente hacia el oeste, tierra adentro del territorio de las trece colonias originales. Un nuevo país basado en ideas tan innovadoras debía tener una nueva capital; así fue que se construyó la ciudad de Washington. D. C. y el gobierno se asentó allí en 1800. El país continuó su desarrollo, y las ideas de sus líderes influenciaron mucho la ruta que siguió este desarrollo. Uno de los más importantes eventos de la primera década del nuevo siglo fue la decisión del presidente Thomas Jefferson de comprar la Luisiana a los franceses, y de enviar a Meriwether Lewis y William Clark al mando de una exploración que cruzara ese territorio para comprobar si el río Missouri podría dar acceso al Océano Pacífico. Esta gran aventura de exploración, que duró dos años de principio a fin, comprobó de una vez por todas que el Missouri no tenía un desemboque al oeste, y que no había ninguna vía navegable que conectase al Pacífico con las planicies centrales, ya que las Montañas Rocallosas se levantan de las praderas, cortando el acceso al océano. Sin embargo, los exploradores sí descubrieron una vía fluvial importante, el río Columbia, fluyendo de la vertiente occidental de las Rocallosas hacia el Pacífico. La importancia de esta expedición para el futuro del país le da un lugar bien merecido entre los hechos históricos más significativos de la historia nacional.

Napoleón Bonaparte era el monarca absoluto de Francia en esa época. Siendo un gran estratega militar, Napoleón se dio cuenta que no podía defender las posesiones francesas en Luisiana contra un ataque o una paulatina invasión de colonos provenientes de los Estados Unidos. Aparte de ésto, Napoleón también necesitaba dinero para financiar los ejércitos que necesitaba para sus campañas europeas, por lo cual decidió vender el vasto territorio a los Estados Unidos. Fue de este modo que los Estados Unidos doblaron su superficie territorial en 1803, por un costo total de quince millones de dólares, y Napoleón consiguió el dinero que necesitaba. El viaje de Lewis y Clark marcó el primer intento de parte de Estados Unidos de explorar la parte occidental del continente. Jefferson fue un visionario en este sentido, y el viaje fue calculado como un primer paso en la expansión hacia el oeste que él creía que el país debería seguir con el fin de crear una nación gigante que ocupara el continente entero, del Océano Atlántico al Océano Pacífico, y con un gran sistema fluvial formado por los grandes ríos Missouri y Mississippi.

La Guerra de 1812

La adquisición de la Luisiana francesa por parte de Estados Unidos fue un símbolo claro de que el nuevo país estaba en vías de volverse un estado que podría retar a los poderes europeos en el no muy lejano futuro. El gobierno estadounidense trato de seguir esta adquisición con otro arriesgado movimiento que buscaba tomar ventaja de que los británicos estaban distraídos con las guerras Napoleónicas. La interferencia británica en el comercio marítimo entre los Estados Unidos y Francia, y el uso forzado de marineros estadounidenses en el *Royal Navy* habían causado furor entre el público en los Estados Unidos. Aprovechando el fuerte sentimiento anti-británico causado por estas acciones, y con el objetivo de eliminar completamente toda presencia británica de Norteamérica con una invasión de Canadá, los Estados Unidos declararon la guerra a Gran Bretaña en 1812. Los británicos fueron tomados por sorpresa al principio, pero una vez recuperados tomaron la iniciativa y lograron desembarcar tropas en territorio de los Estados Unidos, incluso llegando a quemar la capital del país, Washington D.C. El ejército británico fue menos exitoso en el sur del país. En ésta campaña, fuerzas británicas trataron de capturar Nueva Orleans para poder ganar acceso al río Mississippi, el más importante del continente, pero Andrew Jackson, al mando de un ejército de voluntarios, los derrotó en la Batalla de Nueva Orleans. Jackson usó la fama que ésta victoria le dio para llegar a ser presidente de los Estados Unidos años después. Con la situación militar tan indecisa para ambos bandos, la guerra llegó a un punto en el que se acordó un armisticio, con los Estados Unidos aceptando pagar reparaciones por los daños causados a Gran Bretaña, y con los británicos aceptando retirar su ejército invasor.

La política en los Estados Unidos durante este periodo consistió en gran parte en una constante lucha entre los que abogaban por un fuerte centralismo y sus oponentes. El sistema político que había sido establecido por los Padres

Fundadores, con poderes Ejecutivo, Legislativo y Judicial, resultó hacer un balance ideal contra el tipo de poder que los reyes y reinas europeos tenían. Muy importantemente, también creó un abierto campo de batalla para la polémica pública entre los ciudadanos del país. Esto tuvo un claro beneficio sobre la vida política de la nación desde temprana época. Lo importante era que los ciudadanos de la joven república podían expresar su opinión libremente, sin temor de ser acusados de acciones en contra del país, como seguramente hubiera sido el caso en las monarquías que prevalecían en Europa en aquella época.

Conforme temas como el tipo de gobierno que el país debería tener o la guerra con Gran Bretaña fueron pasando a segundo término, otros temas fueron emergiendo gradualmente. Entre ellos, la política del país se fue viendo más afectada por dos: uno fue el problema de la esclavitud, que dividía a los estados del sur contra los del norte. El otro tema era la gradual expansión territorial del país, y el modo en que ésta alteraba el balance entre estados pro-esclavitud y aquellos opuestos a ésta práctica. En el fondo, el miedo de los gobiernos estatales de perder control a nivel nacional era el lazo común que unía a ambos temas.

El explosivo tema de la esclavitud fue varias veces resuelto con acuerdos políticos entre ambos bandos. Un ejemplo de ellos fue en 1820, cuando el "Missouri Compromise" logró mantener el balance entre estados abolicionistas y estados que permitían la esclavitud. Este acuerdo evitó un conflicto más serio entre los estados. Sin embargo, al expandirse el país hacia el oeste, cada territorio colonizado fue motivo de disputa, y era claro que esto seguiría siendo el caso en el futuro. Los abolicionistas estaban preocupados por la posibilidad de que la esclavitud se expandiera al territorio mexicano de Tejas si este se llegara a anexar, mientras que el campo pro-esclavitud veía tal acción como una oportunidad de aumentar su poder político si este estado mexicano llegase a pertenecer a los Estados Unidos.

La situación de Tejas

Por casi trescientos años España, y más tarde el México independiente, habían ejercido soberanía sobre un territorio enorme que se extendía de Tejas hacia el norte hasta lo que hoy es Kansas, de ahí hacia el Noroeste a lo que ahora es Colorado y Utah, y luego al oeste hasta el Océano Pacífico. Esta área estaba escasamente poblada pero ofrecía la posibilidad de un paso más fácil de Este a Oeste que las rutas del norte, en las cuales los viajeros tenían que enfrentarse a terreno muy montañoso y un clima más frio, como lo habían comprobado Lewis y Clark. El gobierno mexicano, consciente de la precaria posición de su soberanía sobre sus territorios del norte, trató de promover la emigración hacia ellos. Cuando fue claro que esto no tenía éxito, el gobierno decidió otorgar permisos de asentamiento a empresarios que lograran llevar a colonos inmigrantes. Fue así como Moses Austin, un empresario que vivía en Missouri, recibió un permiso para formar una colonia en el territorio mexicano de Tejas. Austin por su parte le veía potencial a la idea de traer colonos de Estados Unidos a éstas nuevas tierras. Los prerrequisitos en los 1820s y 1830s para aquellos que estuvieran dispuestos a asentarse en Tejas eran la conversión al catolicismo y el juramento de lealtad al gobierno mexicano, el cual estaba basado en la constitución de 1824. Esta constitución había sido modelada en la de los Estados Unidos, y había establecido un gobierno federal en México después del gobierno imperial de Iturbide I.

Al morir Moses su hijo, Stephen F. Austin, continuó el trabajo ya comenzado, y logró tener éxito al atraer a 300 familias a su "Austin Colony". La fundación de esta colonia no es tan reconocida con la importancia que debería tener, y siempre ha estado bajo la sombra de las famosas historias de los asentamientos fundados en la Costa Este de Estados Unidos, pero su importancia para la historia del país está a la par con esos casos. Esto se debe a que el auge migratorio que iniciaron esas 300 familias llevó a una serie de hechos que eventualmente culminaron en un conflicto armado entre Estados Unidos y México. El resultado de este conflicto transformó al país territorialmente y políticamente, y fue crucial para su futuro desarrollo en una potencia mundial.

Para poder entender por qué fue éste el caso es importante contrastar la actitud en México hacia las semiáridas planicies de Coahuila-Tejas, como el estado era oficialmente llamado, con la actitud de los nuevos colonos, la mayoría de ellos provenientes de estados de los Estados Unidos ubicados en la cuenca del río Mississippi. España, y luego México, habían fracasado en atraer más gente al área. La vida en el centro de México, donde la mayoría de la población del país estaba concentrada, era muy difícil para la gran mayoría de habitantes, pero era la tierra ancestral donde las culturas prehispánicas habían florecido, y era donde los conquistadores españoles habían establecido las ciudades principales, manteniendo al área como centro de poder del país.

Atrapada en un sistema casi feudal, mucha gente vivía en la más absoluta pobreza, pero los recursos naturales y el agua eran fácilmente accesibles. Las clases terratenientes preferían dedicarse a la minería, agricultura, ganadería y comercio, viviendo en las viejas ciudades y pueblos coloniales, con la Ciudad de México al centro de la vida nacional. Tejas era un lugar lejano, sin ninguna riqueza mineral aparente, y lleno de tribus peligrosas. Los únicos asentamientos que habían logrado establecer una presencia europea en el área eran las misiones jesuitas que los frailes habían establecido con el fin de cristianizar a los indios viviendo en esas áreas. Los pueblos se habían desarrollado en sus cercanías generalmente. Éste era el caso en todo el norte, desde California, a Nuevo México y Coahuila-Tejas.

Los recién llegados "anglos", provenientes de Estados Unidos, encontraron una abundancia de tierra abierta y, especialmente sobre la planicie costera, buena calidad de suelos y suficiente lluvia para poder establecer la agricultura. Motivados por tales noticias que emanaban del área, mas y mas colonos llegaron de Estados Unidos a ocupar nuevos asentamientos durante la década de los 1820s. México, sufriendo constante guerra civil y gobiernos inestables desde su independencia de España en 1821, eventualmente vino a ser regido por Antonio López de Santa Anna, un veterano general de la guerra mexicana de independencia. Una vez afianzada su posición, Santa

Anna consolidó su poder sin misericordia, abolió la constitución federalista de 1824, y asumió poderes dictatoriales. Los colonos en Tejas, sintiendo que no tenían representación y proclamando su apoyo a la constitución de 1824, no aceptaron la legitimidad del gobierno. Santa Anna estaba decidido a someter a los rebeldes, y también a demostrar a los Estados Unidos que a México se le debía tratar con respeto, ya que entendía la precaria situación territorial; tan pronto como pudo salió de la Ciudad de México con rumbo a Zacatecas, otro estado en rebelión contra su régimen, a la cabeza de un numeroso ejército. Llegado ahí, Santa Anna derrotó a los rebeldes y saqueó la rica ciudad minera para dar un ejemplo. Una vez hecho esto, continuó su marcha rumbo al norte, hacia Tejas, donde los habitantes pronto supieron qué había sucedido y se dieron cuenta de cuál sería su suerte si eran derrotados. Santa Anna perdió miles de soldados debido a enfermedades y al inclemente clima de invierno que enfrento durante el camino, pero llegó a Tejas a principios de 1836 al frente de un ejército mucho más grande que cualquiera que los "Texians" como los habitantes de Tejas se llamaban a sí mismos, pudieran organizar.

El "Ejército del Norte" de Santa Anna tenía un grupo de oficiales capaces de llevar a cabo las operaciones con éxito. Sin embargo estos hombres tenían la desventaja de ser frecuentemente obstaculizados por las necedades de su comandante supremo, quien se creía un gran estratega militar. "El Napoleón del Oeste", le gustaba llamarse asimismo. A diferencia de sus oficiales, muchas de las tropas de Santa Anna eran hombres provenientes de entre las clases más pobres de México, quienes en su mayoría habían sido obligados a servir. A pesar de ésta seria debilidad los oficiales Martin Perfecto de Cos y Antonio Urrea derrotaron a las fuerzas tejanas en los encuentros de La Bahía, Victoria, y Goliad. En Goliad todos los hombres capturados fueron ejecutados sin misericordia poco después de la batalla, por órdenes de Santa Anna. Al hacer esto Santa Anna mostró una vez más, como lo había hecho anteriormente en Zacatecas, que era despiadado en la victoria. Santa Anna dividió sus fuerzas al llegar a Tejas, y él mismo se fue al mando de una columna hacia San Antonio de Béjar, el principal asentamiento en el centro del estado, porque sabía que un grupo armado se había fortificado en la vieja misión de El Álamo. Después de un asedio que le costó a Santa Anna tiempo muy valioso y la vida de muchos de sus hombres a manos de los valerosos defensores, quienes pelearon hasta lo último, las fuerzas mexicanas finalmente tomaron la misión. Este asedio a la misión es la famosa batalla de El Álamo, inmortalizada desde entonces. Una vez que sus hombres lograron penetrar los muros se dedicaron a matar a todos los defensores. Ésta acción le dio a Santa Anna una victoria militar, pero también dio a los tejanos el grito de guerra de "¡Recuerden el Álamo!" el cual, añadido a "¡Recuerden Goliad!" los motivaría a partir de ese momento.

Los Texians, guiados por Sam Houston, tuvieron que huir hacia el este, tratando de alejarse de las fuerzas mexicanas, mucho más numerosas que ellos, hasta que la noche del 17 de Abril 1836 Houston fue presionado por sus hombres para que se detuviera y se enfrentaran a la columna Mexicana capitaneada por el mismo Santa Anna (Hardin, p.192). La subsecuente batalla, conocida como la Batalla de

San Jacinto, tuvo lugar el 21 de Abril de 1836, mientras Santa Anna estaba acampado con su ejército en un lugar militarmente muy mal escogido, esperando a que el resto de sus fuerzas lo alcanzaran. Aquí es donde finalmente Santa Anna pagó caramente por el desdén que sentía por los colonos y por su habilidad militar. El encuentro de armas, que tomó a los mexicanos completamente por sorpresa, se convirtió en masacre en menos de una hora, y resultó en la completa destrucción del ejército bajo el mando de Santa Anna, quien fue capturado al poco tiempo, mientras trataba de huir. Una vez prisionero, sin el mismo valor falso de antes, firmó una orden de alto a todas las operaciones militares en Tejas con tal de salvar su propia vida. Con el mismo fin, Santa Anna también otorgó la independencia a Tejas, y prometió no atacar a futuro.

Las noticias de la inesperada victoria precipitaron un conflicto político en los Estados Unidos. Las fuerzas abolicionistas estaban preocupadas, con justificación, de que Texas, como se llamó la nación independiente, tratara de entrar a los Estados Unidos como un estado que aceptara la esclavitud. Los estados del sur añoraban el que así fuera, ya que esto haría su causa más poderosa políticamente. México inmediatamente declaró que cualquier intento de anexión sería una causa de guerra con los Estados Unidos. Esta situación continuó por varios años, con Texas como una nación independiente, pero con muchos dentro de Estados Unidos deseando su anexión. El presidente James Polk era de tal opinión, y se dedicó a hacerla realidad. Sin embargo, Polk primero tenía que dedicar tiempo a resolver la disputa fronteriza con los británicos en el noroeste del país. Con deseo de absorber a Texas, pero no queriendo tener que pelear una guerra de dos frentes, Polk apoyó un acuerdo sobre Oregón con los británicos. Este acuerdo, estableciendo una frontera final, fue firmado en 1846. El tratado estableció la frontera entre Estados Unidos y Canadá en el paralelo 49. Crucialmente, este tratado permitió a los Estados Unidos iniciar un conflicto armado contra México sin tener que preocuparse de una guerra simultánea contra Gran Bretaña.

La Guerra México-Americana

Tomó diez años, pero la causa de anexar a Texas finalmente recibió suficiente apoyo político en el Congreso de los Estados Unidos, y con el apoyo del presidente Polk, Texas entró a la Unión formalmente en 1846. Sabiendo que México protestaría, Polk ordenó al general Ulysses Taylor a que moviera su ejército desde el este de Texas, a lo largo de la costa del Golfo de México, y cruzara el río Nueces, la frontera internacional entre Texas y México. El ejército mexicano respondió con una contramaniobra, y la guerra México Americana se inició con la Batalla de Palo Alto el 8 de Mayo de 1846.

El ejército de los Estados Unidos tenía en ese entonces alrededor de 6,500 efectivos (Duggard, p. 106). Esto lo hacía considerablemente más pequeño que el ejército mexicano. Su caballería también era menos numerosa que la caballería mexicana contra quien se enfrentaría. Pero la desventaja que el ejército estadounidense tenía en tropas o caballos era compensada por el liderazgo de un cuerpo de oficiales egresados de la Academia Militar de West Point, el colegio profesional del ejército, establecido unos años anteriormente. Esta habilidad de liderazgo y un gran cuerpo de artillería que utilizo tácticas innovadoras (Duggard p.93), fueron la marcada diferencia en Palo Alto y durante toda la guerra. Mientras las fuerzas al mando de Taylor peleaban en su marcha desde Texas hacia el centro de México, el general Winfield Scott, copiando lo que había hecho Cortez tres siglos antes, desembarcó sus tropas en Veracruz, en el Golfo de México, y se lanzó hacia el interior con su ejército. Después de continuamente ignorar consejos militares de sus generales, y después de cometer muchas equivocaciones al enfrentar a un enemigo que resultó ser mucho más capaz y decidido a vencer que lo que él se imaginaba, Santa Anna y sus generales perdieron una serie de acciones en las cercanías de la Ciudad de México. Esto forzó finalmente al gobierno mexicano a pedir un cese de hostilidades. México, políticamente dividido aún en éste momento de invasión, formalmente se rindió al general Scott el día 14 de Septiembre de 1847. El tratado que resultó de ésta guerra, llamado el Tratado de Guadalupe-Hidalgo, estipuló que México reconocería la anexión de Texas por parte de los Estados Unidos. El tratado también obligó al país derrotado a vender sus territorios desde el oeste y noroeste de Texas hasta el Océano Pacífico, a los Estados Unidos, por la suma de quince millones de dólares.

Con ésta anexión los Estados Unidos finalmente se extendían de costa a costa, precisamente la visión que Thomas Jefferson había tenido casi cincuenta años atrás. La anexión de los nuevos territorios revivió el asunto de la esclavitud y amenazó con revivir el conflicto entre ambos bandos. Sin embargo, una vez más, se llegó a un acuerdo en

51

1850 y el asunto quedó hecho a un lado por varios años más.

El descubrimiento de oro en California poco después que terminó la guerra resultó en una migración hacia el oeste de una magnitud que ninguna política gubernamental u ofertas de tierra hubieran conseguido lograr. El influjo de colonos afianzó el control de Washington rápidamente. Habiendo ganado su primera aventura militar basado en la idea, muy generalizada, de que estaba cumpliendo la voluntad de la Providencia en alcanzar su "Destino Manifiesto" (*"Manifest Destiny"*) de propagar su civilización, y con acceso al Pacífico como resultado, los Estados Unidos se habían convertido finalmente en una potencia continental que podía detener los intentos de avance europeos en el hemisferio.

La tregua entre esclavistas y abolicionistas creada a través del Compromiso de Missouri solo duró unos años. Abraham Lincoln, Representante al Congreso Nacional proveniente de Illinois, buscó la nominación presidencial Republicana para la elección de 1860 y la ganó. Los estados del sur apoyaron la candidatura de John C. Breckenridge, el candidato de los Demócratas del Sur, haciendo ésta elección una elección entre él, Stephen A. Douglas, candidato de los Demócratas del Norte, John Bell, candidato del Partido de la Unión, y Lincoln. La división en el campo de los Demócratas permitió a los Republicanos emerger victoriosos, precipitando una cadena de eventos que prontamente llevó al país a una crisis. A pesar de que no era ese el objetivo, la victoria de Lincoln forzó llegar a una solución de los asuntos que no habían sido resueltos cuando nació el país. Desafortunadamente esta solución no fue alcanzada a través de negociaciones, y solamente se logró llegar a ella a través de la fuerza de las armas.

Capítulo 4
La Guerra Civil y la Expansión a Ultramar: 1860 a 1918

Los estados del sur reaccionaron rápidamente a la victoria de Lincoln. Carolina del Sur anunció su secesión de la Unión apenas un mes después de la elección presidencial; Mississippi y Alabama siguieron sus pasos a principios de Enero, seguidos por Florida y Georgia poco tiempo después. En total, once estados abandonaron la Unión. El presidente Lincoln afirmó su derecho y deber de mantener a la Unión intacta, e inmediatamente se dedicó a retomar control federal de los estados rebeldes, despachando tropas. El primer intento de hacerlo fue en Fort Sumter, en el puerto de Charleston, Carolina del Sur. Cuando las tropas federales intentaron desalojar a las tropas de la milicia estatal del fuerte fueron recibidos con disparos de cañón, lo que marcó el comienzo de la Guerra Civil.

Los líderes militares que tan hábilmente habían guiado a las fuerzas de Estados Unidos en los campos de batalla de México años antes se vieron divididos por los hechos. Muchos oficiales sureños renunciaron su posición con el *U.S. Army* y se unieron al levantamiento. Más notablemente entre ellos es el caso de Robert E. Lee, cuya lealtad a su estado natal, Virginia, fue más grande que la que sentía por la Unión. Los estados que habían abandonado la Unión se unieron para formar un nuevo país, y Jefferson Davis fue nombrado presidente de la entidad rebelde, los Estados Confederados de América

(*Confederate States of America*). La capital fue establecida en Richmond, Virginia.

La guerra duró cuatro largos años, y el resultado estuvo indeciso durante los primeros dos años. El Sur era más pobre, y tenía una capacidad industrial más limitada, pero tenía líderes militares muy capaces, al mando de un ejército de hombres motivados por lo que ellos veían como la defensa de los derechos de los estados, y eventualmente la defensa de sus hogares. El liderazgo militar del Norte era menos hábil, pero su poder industrial era más grande, y su población de hombres en edad militar mucho más numerosa. Sumándose a esto, el liderazgo sólido de Lincoln y su absoluta certeza sobre lo correcto de sus acciones era otra ventaja para las fuerzas de la Unión.

Militarmente hablando, la Guerra Civil es importante porque su escala y el uso de nuevas técnicas y tecnología hacen de ella la primera guerra "moderna". Ambos ejércitos usaron mucho los caballos, pero el ferrocarril se convirtió en el método de reabastecimiento de tropas más importante. Barcos de vela pelearon en la mayoría de las batallas navales que hubo, pero la primera batalla entre barcos con protección de hierro, el *USS Monitor* y el *CSS Virginia*, ocurrió durante éste conflicto, en 1862. El combate cuerpo a cuerpo y las cargas de caballería fueron comunes, pero las primeras ametralladoras hicieron su aparición sobre el campo de batalla. La conscripción fue generalizada en ambos lados, y esto significó que ambos ejércitos tenían disponibles a decenas de miles de efectivos bajo las armas en cualquier momento, llegando a enfrentamientos de una escala no vista antes en el suelo de los Estados Unidos.

La guerra comenzó con una batalla cerca de Washington. Fue aquí, en lo que vino a llamarse la Batalla de Bull Run donde el ejército de la Unión se dio cuenta que la pelea contra "Johnny Reb", como llamaban a los soldados confederados, no sería fácil. La mortandad vista aquí, como ninguna otra en la historia americana, fue apenas una indicación del baño de sangre que se desataría durante los siguientes cuatro años.

Después de Bull Run, la Unión trató de capturar a la ciudad de Richmond con un ataque desde el sureste. Esta campaña falló miserablemente y le costó al general Meade, a quien el presidente Lincoln había nombrado como general en jefe del ejército de la Unión, su puesto. El general George MClellan, su sucesor, tampoco tuvo mucho éxito contra Lee y sus excelentes oficiales, entre quienes estaban los generales James Longstreet y Thomas Jonathan "Stonewall" ("Muro de Piedra") Jackson. Acto seguido, Lee tomó la ofensiva con gran audacia y lanzó una invasión del norte, llevando a su ejército a Pennsylvania en 1863. Fue durante ésta campaña, en la Batalla de Gettysburg, cuando Lee estuvo a punto de romper la cohesión de las fuerzas de la Unión (el famoso "Army of the Potomac") y tomar la ciudad de Washington, D. C. Sin embargo, las líneas de la Unión se mantuvieron firmes bajo repetidos ataques confederados, y la batalla resultó ser tan costosa para los confederados que nunca más volvieron a amenazar al Norte de manera similar. La guerra no acabó ahí, pero después de Gettysburg el resultado final fue quedando gradualmente más claro. La ventaja de la Unión en hombres, municiones, armas, transporte e industria en general, combinada con un bloqueo muy efectivo que mantuvo exportaciones de la Confederación a lo mínimo fue demasiado para los estados rebeldes. Esto, aunado al liderazgo del nuevo general en jefe de Lincoln, Ulysses S. Grant, gradualmente negó la ventaja inicial que la Confederación poseía en liderazgo militar y espíritu de lucha.

El acto final de la guerra se llevó a cabo en tierra de la Confederación. Los ejércitos de la Unión llevaron la guerra hacia el sur y procedieron a eliminar, frecuentemente de una forma brutal, la capacidad de combate de la Confederación con la destrucción de ferrocarriles y la quema de las cosechas, tal como lo hizo el general Sherman en su campaña a través de Georgia en 1864. Finalmente resignado a la derrota, Lee rindió lo que quedaba de sus fuerzas al general Grant en Marzo de 1865.

La Guerra Civil llevó, en la forma más violenta, a la resolución del problema que los Padres Fundadores habían acordado hacer a un lado para mantener la unidad entre las trece colonias y de ese modo aprobar la Constitución. El acuerdo de las tres quintas partes, que estipulaba que los esclavos contaban por tres quintas partes de un hombre libre para fines de representación, había sido la herramienta usada en aquel entonces para llegar a la creación de ésta Constitución nacional que tendría preponderancia sobre la ley estatal. Sin embargo, la polémica sobre la idea de que un hombre pudiera tener a otro en esclavitud se había convertido en un punto muy divisivo al paso de las décadas. Los británicos habían abolido la esclavitud desde 1800. La mayoría de los otros países europeos tampoco la permitían, y la mayoría de las naciones latinoamericanas la habían abolido cuando obtuvieron su independencia de España en 1821. Los Estados Unidos, un país fundado sobre principios de libertad, no podía permitir que éste infernal sistema de vida siguiera existiendo.

El presidente Lincoln tomó el paso inicial de abolir la esclavitud en la Confederación a través de una orden ejecutiva llamada la *"Emancipation Proclamation" (Proclamación de Emancipación)* el día 1 de Enero de 1863. Poco después, la Enmienda 13 a la Constitución, ratificada en 1865, prohibió la esclavitud en todo el territorio de la Unión. La Enmienda 14, ratificada en 1867, garantizó la ciudadanía a todas las personas nacidas en los Estados Unidos, así como el derecho al proceso legal y la igualdad de protección bajo la ley. El paso final en esta serie de acciones que cambiaron al país para siempre fue la ratificación de la Enmienda 15 en 1870. La enmienda expresamente prohibió negar a alguien el derecho al voto basado en su raza, otorgando a los hombres negros el derecho al voto que se les había negado previamente. Este momento clave en la historia estadounidense, en el cual se rectificó un mal causado décadas antes, en los primeros días de la republica, se presenta como el acto final de un doloroso proceso que finalmente llevó al cumplimiento de la promesa de las palabras de la Declaración de Independencia: "Aseveramos que estas verdades son autoevidentes, que todos los hombres son creados con igualdad..."

A pesar de los tremendos esfuerzos hechos por legendarias mujeres como Susan B. Anthony, quien fue una de las pioneras en la lucha por el derecho al voto y trato equitativo de las mujeres, pasarían todavía décadas antes que ellas lograran el derecho al voto. Esto fue finalmente logrado a través de la Enmienda 19 a la Constitución, en el siglo 20. Sin embargo, las acciones de Lincoln echaron a andar un proceso que al menos dio tal derecho a todo hombre mayor de veintiún años, sin importar el color de su piel.

La victoria del Norte, con la rendición formal de Lee en Appomattox en Abril 1865, salvó a la Unión, eliminó la esclavitud de una vez por todas y dejó listo el escenario para la transformación de los Estados Unidos en una potencia global. Tristemente, el principal arquitecto de ésta victoria no vivió para disfrutar el resultado de sus esfuerzos. Apenas un mes después de la rendición de Lee, el presidente Lincoln fue baleado por un asesino mientras presenciaba una obra en el Teatro Ford en Washington D.C. Su temprana muerte le privó a Lincoln de la oportunidad de construir más sobre el legado que había dejado como presidente de guerra. Sin embargo, el poder de sus acciones y su influencia sobre la vida de la nación hasta hoy día aseguran su lugar entre los más grandes estadounidenses de todos los tiempos.

Nuevos inmigrantes

Una de las razones por las cuales los Estados Unidos habían podido crecer al ritmo acelerado en que lo hicieron en las décadas precedentes a la Guerra Civil fue por su capacidad de atraer nuevos inmigrantes. Como lo mencioné antes, muchos vinieron para evitar la persecución religiosa; muchos otros lo hicieron para huir de la persecución política; la mayoría de ellos vino por razones económicas. Todos deseaban una nueva vida, y estaban dispuestos a laborar para lograrla. Las trece colonias originales habían sido en su mayor parte pobladas por gente de origen inglés y escocés, con solamente una colonia de importancia entre las originales siendo de origen holandés. La mayoría de estos inmigrantes eran cristianos protestantes. Otros inmigrantes que llegaron más tarde incluyeron a católicos alemanes e irlandeses, con los alemanes convirtiéndose en el segundo grupo más importante durante el siglo 18.

Europa siguió siendo el origen de casi todo inmigrante voluntario durante el siglo 18, con gente llegando de lugares como Irlanda, Gales y los países Escandinavos. Estos inmigrantes, con su búsqueda de tierra fértil con la cual sostener a sus familias, ayudaron a expandir la frontera hacia el oeste y hacia el sur, iniciando una migración hacia los grandes espacios abiertos del oeste que ha continuado hasta hoy día. El siglo 19 es también el periodo que llegaron grandes números de inmigrantes chinos a encontrar trabajo en construcción, especialmente en la construcción de ferrocarriles.

En un país donde las funciones del gobierno eran mucho más limitadas que las que existen hoy en día, estos inmigrantes tenían que apoyarse los unos a los otros durante tiempos difíciles. Sin embargo, sucesivas generaciones lograron construir una nación cada vez más fuerte basándose en dura labor, libertad y el apoyo mutuo en sus comunidades.

Reconstrucción e Imperio

La guerra había dejado vastas áreas del sur de Estados Unidos destruidas. La infraestructura del sur del país era inexistente en muchas áreas, sus granjas estaban abandonadas, y sus pueblos y ciudades ocupadas por las fuerzas de la Unión. La población de hombres en el sur había sido reducida y esto afectó el crecimiento económico por años después de la guerra. Quienes habían sido esclavos tenían ya su libertad, pero en muchos casos tuvieron que seguir trabajando para los que habían sido sus dueños, en una especie de relación laboral cautiva, porque no había oportunidad de empleo para ellos en muchos lugares.

En lo que pareció por un corto tiempo el largamente añorado cumplimiento de la promesa original de los Estados Unidos, durante el periodo inmediato a la Guerra Civil sí existió una sociedad donde negros y blancos vivieron mas igualmente que en cualquier otra época desde la fundación del país. Hubo servidores públicos negros, y otros empezaron a ejercer profesiones en las que anteriormente nunca se habían visto gentes de origen africano. Siguiendo en los pasos de Frederick Douglass, quien por años había abogado por igualdad de derecho para los afroamericanos, llevando su causa hasta al mismo Lincoln, líderes negros como W.E. Dubois y Booker T. Washington llegaron a ser muy prominentes después de la

Guerra Civil. Desafortunadamente, este estado de igualdad forzada no duró mucho tiempo. Cambios políticos en Washington quitaron la presión que había sobre el Sur para que se reformara, y llevaron al retiro de las tropas federales. Conforme los estados y condados volvieron a afianzar su autoridad pasaron leyes que en efecto negaban a los ciudadanos negros el igual acceso a una educación, e impedían que la mayoría de ellos pudiera votar. Estas leyes, conocidas como leyes de *Jim Crow*, retrasaron la verdadera igualdad de derechos por casi un siglo después de la Guerra Civil.

Estos fueron serios reveses contra la idea fundamental de igualdad que Lincoln había tenido durante su presidencia. Sin embargo, el duro trabajo de mucha gente, combinado con la continua llegada de inmigrantes de un creciente número de países, y la explotación de los recursos naturales del inmenso país, contribuyeron a que los Estados Unidos progresaran mucho durante las décadas después de la Guerra Civil. Mientras estos eventos políticos tenían lugar el país estaba transformándose constantemente a través de nuevas tecnologías. Esto se debió a la Segunda Revolución Industrial, que fue basada en el uso de carbón, acero, a la aparición del petróleo como fuente de energía, y al comienzo de las industrias de telecomunicaciones y electricidad. Todos estos hechos tuvieron lugar en las décadas posteriores a la Guerra Civil y transformaron al país en una potencia económica.

La Guerra Hispano-Americana

A pesar de que era aún un país de un carácter generalmente agrario, los Estados Unidos iban desarrollando una economía industrial, capaz de competir con las potencias europeas, e iban afianzando su propia esfera de influencia en las Américas. Esto se vio claramente en 1898 cuando tensiones con España sobre su continua presencia imperial en Cuba y Puerto Rico se convirtieron en conflicto armado.

El hundimiento del acorazado *USS Maine* mientras estaba anclado en el Puerto de La Habana, en Cuba, creó una crisis inmediata. La fiebre de guerra en los Estados Unidos fue azuzada por la prensa popular del día, la cual publicó artículos exigiendo una inmediata acción militar como respuesta a la afrenta sufrida. El gobierno del presidente William McKinley, no satisfecho con las explicaciones oficiales españolas que negaban cualquier involucro en el desastre, envió un ultimátum a España. Madrid declaró la guerra como respuesta a esta acción, y los Estados Unidos respondieron del mismo modo, iniciando las hostilidades de la Guerra Hispano Americana de 1898.

La *U. S. Navy* desembarco tropas de los *Marines* y del *Army* en Cuba y Puerto Rico, entre ellos al futuro presidente Theodore Roosevelt. Estas tropas rápidamente vencieron a los defensores cubanos y españoles y tomaron control de las islas. La victoria en esta guerra permitió a los Estados Unidos expandir su influencia en el Pacífico mas allá de Alaska y Hawaii, territorios que habían sido adquiridos en 1867 and 1895 respectivamente, llegando hasta las Filipinas. Las Filipinas habían sido una colonia

63

española desde mediados del siglo 16, y su localización geográfica, frente a las costas del sureste de Asia, las hacían un lugar de gran valor estratégico. Un escuadrón naval de los Estados Unidos peleó una batalla con la flota española en la Bahía de Manila y salió victorioso. Esta victoria permitió a los Estados Unidos tomar las islas como protectorado. La guerra llegó a su fin con la firma de otro Tratado de París, en el cual los Estados Unidos ganaron posesión de Cuba, Puerto Rico, Guam y las Filipinas. Esto significó que los Estados Unidos tenían posesiones imperiales, similares a las de las potencias europeas, que le daban al país un alcance global previamente solo soñado.

Aparte de adquisiciones territoriales, los Estados Unidos estaban aumentando su población a un ritmo sin precedente. La guerra Hispano-Americana tuvo lugar durante el periodo de más alta inmigración en la historia de los Estados Unidos. Tales números de inmigrantes como porcentaje de la población total no fueron igualados hasta recientemente, al fin del siglo 20 y principios del 21. Entre 1880 y 1924, cuando el Congreso aprobó leyes que pusieron fin a la inmigración, decenas de millones de personas llegaron a tierra norteamericana. Llegando a través de Ellis Island en New York, o a través de otros puertos, incluyendo Galveston, Texas, estos inmigrantes buscaban iniciar una nueva vida en los Estados Unidos. La famosa *Estatua de la Libertad* del puerto de New York, donada por la Republica Francesa en 1883 para conmemorar el centenario aniversario de la alianza entre ambos países recibió a estos millones a su nueva tierra.

El origen geográfico de esta inmigración era diferente al de olas anteriores. Muchos de los inmigrantes eran de Europa central, del sur y oriental. La mayoría no hablaba inglés, y llegaron con su propia cultura y costumbres, muy diferentes a las de Europa del Norte. Una vez llegados, crearon vecindarios done los fuertes lazos sociales de sus países de origen seguían existiendo, y donde la vida se llevaba a cabo tanto en el lenguaje del país de origen como en inglés. Esto creó tensión entre los recién llegados y aquellos que ya estaban establecidos en los Estados Unidos, quienes en muchas ocasiones veían a los nuevos inmigrantes como indeseables e inferiormente raciales a los de descendencia de Europa del Norte que habían constituído la mayoría de los inmigrantes a los Estados Unidos hasta ese entonces.

Para aquellos que permanecieron en las ciudades las condiciones de vida fueron extremadamente paupérrimas, como uno se puede dar cuenta al caminar por las áreas de "Little Italy" en la ciudad de New York, en las cuales todavía existen edificios históricos que dan una idea del hacinamiento que prevalecía en el área. Pero aun así siguieron llegando. Los Estados Unidos a principios del siglo 20 no ofrecían ninguna garantía de éxito, pero por lo menos ofrecían a esta gente, muchos de ellos campesinos sin tierra propia, una oportunidad de vivir mejor que en su país de origen.

Éste periodo también marca la primera vez que la inmigración de México a los Estados Unidos se convirtió en significativamente numerosa. Después del periodo de treinta años de estabilidad social bajo Porfirio Díaz la profunda desigualdad económica que prevalecía en la sociedad mexicana llevo a México a la guerra civil en 1910. Muchos mexicanos ricos simplemente se fueron a los Estados Unidos para evitar la peligrosa situación en su país. Aparte de estos inmigrantes, que sumaban miles, también hubo un mucho más grande influjo de decenas de miles de campesinos quienes habían perdido su trabajo cuando mucha de la actividad agrícola en México se detuvo a causa de la guerra.

La industria y la agricultura de los Estados Unidos recibieron con brazos abiertos a estos inmigrantes que llegaban a apoyar a la economía del país. Por doquier existía la oportunidad de comenzar a trabajar rápidamente. El mundo estaba disfrutando de un auge económico, y la primera era de la globalización estaba incrementando el comercio internacional en bienes de manufactura y materiales primas, generando bienestar y riqueza. La gente en los Estados Unidos continuó migrando al oeste y al sur y centro del país para tomar ventaja de oportunidades de agricultura en las planicies del centro, o trabajos de maderería e industria en la Costa Oeste, una parte del país que crecía rápidamente y que constituía una base vital para mantener contacto con sus posesiones territoriales en el Océano Pacífico.

Pero este mundo de principios del siglo veinte, con sus maravillas materiales y sus días pacíficos, estaba a punto de ser destruido por eventos en el sureste de Europa. Estos eventos llegaron a sacar a los Estados Unidos de su aislamiento, constituyendo un gran reto que puso a prueba la madurez del país y dándole la oportunidad de jugar un papel totalmente diferente en la escena mundial.

La Primera Guerra Mundial y los Estados Unidos

La Gran Guerra, como se le llamó a la Primera Guerra Mundial hasta que la Segunda Guerra Mundial resultó ser aun más sangrienta, empezó como resultado del asesinato del Archiduque Franz Ferdinand, heredero al trono del Imperio Austro-Húngaro, una de las más importantes potencias europeas. Los países europeos se habían alineado en dos bloques opuestos durante los previos veinte años, y las alianzas significaban que si un país entraba en guerra, los otros estaban obligados a hacerlo también. Cuando Austria-Hungría, miembro de la Triple Alianza junto con Alemania y Turquía, acusó a los serbios de haber planeado el asesinato y emitió un ultimátum, Rusia, Francia y Gran Bretaña, quienes formaban la Triple Entente, aliados de Serbia, respondieron a la amenaza con una movilización de sus ejércitos. Esto resultó en una movilización alemana en apoyo de sus aliados austro-húngaros, iniciando una cadena de hechos que ya no se pudo detener. Y así, con tanta rapidez, fue como este sistema de alianzas hizo que el mundo se hundiera en una guerra gigante en tan solo una semana.

Una vez que todas las potencias entraron a la guerra, una de las claves para una pronta victoria alemana era una rápida derrota de Francia. Las esperanzas alemanas de hacer esto fueron destruidas cuando los franceses lograron detener el avance alemán ya cerca de París. Esto forzó a los atacantes a cavar trincheras para mantener su posición a lo largo del inmenso frente, creando el comienzo de la estática guerra de trincheras que duró durante casi todo el conflicto. Las fuerzas rusas fueron arrasadas por los alemanes en el frente este, los Austro-Húngaros se quedaron sin poder romper la resistencia italiana en el frente alpino, y los serbios y otras naciones del la península Balcánica vieron a ésta como la gran oportunidad de derrotar a sus odiados amos imperiales.

La entrada de los japoneses convirtió la guerra en algo verdaderamente global. Japón vio la oportunidad de poder expandir su influencia en el Lejano Oriente y declaró la guerra a la Rusia zarista, hundiendo su armada en la Batalla del Estrecho de Tsushima y tomando posesión de la principal base militar rusa en el lejano Oriente. Las derrotas sufridas por las fuerzas rusas fueron la mecha que finalmente prendió fuego a la insurrección popular hacia la cual el país se había estado deslizado inexorablemente desde hacía años. Los comunistas, bajo Vladimir I. Lenin, eliminaron la monarquía zarista e inmediatamente solicitaron negociaciones de paz con sus enemigos.

Los Estados Unidos, seguros al otro lado de cinco mil kilómetros del Océano Atlántico, declararon su neutralidad y la mantuvieron por casi tres años. El presidente Woodrow Wilson estaba bien consciente de que el Congreso, en verdadera representación de los sentimientos expresados por una mayoría de estadounidenses, no apoyaría una intervención en lo que muchos veían como una guerra entre otros. Con el sentimiento nacional tan opuesto a cualquier intervención, los Estados Unidos probablemente habrían permanecido neutrales si no hubiesen ocurrido dos cosas. Una fue el telegrama Zimmerman, en el cual el ministro de relaciones exteriores de Alemania, Georg Zimmerman, ofrecía a México el regreso de sus territorios perdidos a los Estados Unidos en 1848 si entrara a la guerra al lado de Alemania contra los Estados Unidos. El telegrama fue interceptado por los servicios de inteligencia estadounidenses, quienes habían roto el código secreto de transmisión alemán, y ésta acción le dio al presidente Wilson la prueba que necesitaba para juzgar las intenciones alemanas.

El otro hecho que finalmente llevó a los Estados Unidos a la guerra fue el hundimiento del transatlántico *RMS Lusitania* a manos de un submarino alemán. El *Lusitania* se hundió frente a la costa de Irlanda con una pérdida de 1193 vidas, entre ellas 128 norteamericanas. El ataque fue visto con indignación en los Estados Unidos, y el gobierno de Wison exigió que Alemania dejara de atacar barcos mercantes. Cuando los alemanes continuaron haciéndolo y más barcos volando la bandera de las barras y estrellas fueron hundidos, el Congreso de los Estados Unidos, a petición del presidente Wilson, lanzó una formal declaración de guerra contra Alemania y sus naciones aliadas el 2 de Abril de 1917.

El *U.S. Army* de ese entonces era una fuerza pequeña, mal preparada para el tipo de guerra que enfrentaría en Europa. Esta fue la razón por la cual la entrada de los Estados Unidos en la guerra tardó en tener efecto en el campo de batalla. Pero una vez que esto sucedió la diferencia fue inmediata y dio a los Aliados el catalizador necesario para poner fin a la guerra de trincheras que en casi cuatro años había costado millones de vidas sin que hubiera habido gran ventaja para ningún bando. Jóvenes estadounidenses se enlistaron en las fuerzas armadas y fueron enviados a Europa en grandes números. Cuando finalmente llegaron a las líneas del frente, su número, energía y espíritu de lucha ayudó a los aliados a romper el frente estático que existía, expulsando a los alemanes del territorio francés y belga que habían ocupado desde su ataque en 1914.

Las fuerzas armadas de los Estados Unidos combatieron con valor en la Primera Guerra Mundial, sufriendo decenas de miles de bajas, incluyendo entre ellas muchas que fueron causadas por la epidemia de gripe de 1918. Pero su sacrificio no fue en vano. La entrada de los Estados Unidos en la guerra finalmente alteró la balanza a favor de los Aliados y se convirtió en el factor crucial que les permitió ganar la guerra. La idea del presidente Wilson de que los Estados Unidos debían entrar en la contienda para defender la libertad y la democracia, aún cuando el territorio del país no era amenazado, fue una nueva e importante doctrina que ha continuado al centro de el pensamiento estratégico de los Estados Unidos y ha permanecido como parte fundamental de la auto imagen nacional hasta nuestros días.

La industria norteamericana produjo material de guerra más rápidamente que la de cualquier otro país. El *U.S. Army* logró enviar cientos de miles de hombres a Europa una vez que el sistema de logística estuvo en pie, y el *U. S. Navy* ayudó a las armadas británicas y francesas a mantener el control de los océanos y las líneas de abastecimiento a Inglaterra abiertas, a pesar de la amenaza de ataque submarino que los alemanes habían creado contra los barcos mercantes civiles.

Al fin del conflicto, en Noviembre de 1918, y apenas un año después que los Estados Unidos habían entrado a la guerra, el presidente Wilson fue quien presidió sobre el resto de los Aliados en Versalles, Francia, con el fin de fundar una organización dedicada a evitar guerras en el futuro. La organización se llamo "Liga de las Naciones". A pesar de que la Liga de las Naciones no pudo, durante sus veinte años de existencia, lograr su objetivo de prevenir otra carrera armamentista y subsecuente guerra, cabe recordársele como una institución importante porque representó la primera vez que una organización internacional fue creada con el motivo explicito de prevenir conflictos armados y mejorar la condición de la humanidad a través de la acción coordinada de muchos países. La Liga es la directa precursora de las Naciones Unidas. ¿Fue una creación idealista? Sí, pero fue un gran ejemplo del poder de las ideas norteamericanas en la escena mundial, y un ejemplo que debe hacernos recordar lo que los Estados Unidos son capaces de alcanzar cuando el país lidera al mundo con el poder de sus ideas.

Alemania estaba derrotada y los imperios austro-húngaro y otomano ya no existían. El norte y este de Francia estaban en ruinas, Gran Bretaña todavía tenía su imperio, pero estaba en la quiebra; los rusos estaban enfrascados en una guerra civil, y el sur de Europa era un caos. Los Estados Unidos, habiéndose unido a las otras democracias en la guerra, y habiendo pagado directamente la deuda debida a Francia desde 1781, se encontraban en una posición frente el resto del mundo como la potencia mas importante en poder industrial, militar y financiero. Solamente Japón, con una nueva confianza en la escena internacional después de

71

su inesperada victoria sobre Rusia en Asia, tenía el potencial de retar al nuevo gigante, aunque esto aún parecía un reto poco probable. Japón, aislado del occidente por siglos, y habiendo comenzado su rápido desarrollo solamente cincuenta años atrás, acababa de tener su primera experiencia de expansión territorial a través del uso de la fuerza. Esto tuvo una gran influencia en la forma en la que sus líderes verían el lugar que ocupaba su país en la escena mundial. Décadas después, este cambio también tuvo una gran influencia sobre la historia de los Estados Unidos, quienes se habían convertido en una potencia en la cuenca del Pacífico dos décadas antes gracias a sus ganancias territoriales a costa de España.

Capítulo 5
Prueba de carácter: 1920 a 1945

El periodo entre las guerras mundiales

Cuando la Primera Guerra Mundial terminó, el sistema capitalista de los Estados Unidos ya había creado una economía que había estado generando crecimiento de una forma consistente y substancial por varias décadas. La Segunda Revolución Industrial se había acelerado en la primera década del siglo XX con invenciones como la bombilla eléctrica, el teléfono, el automóvil y el avión, todos ellos inventados o perfeccionados por estadounidenses. La red de ferrocarriles existente en todo el país permitía la rápida comunicación y el transporte efectivo de la carga. La capacidad industrial del país, y la variedad de productos manufacturados, no tenían competencia y comparación con otros países, con la excepción de Inglaterra y Alemania. Algunos de los excesos de los años iniciales de la industrialización se habían corregido con legislación específicamente creada para proteger a los trabajadores durante los 1890s y la primera década del siglo 20. A pesar de que fue opuesta fuertemente por la industria en casi todos los casos, la legislación pionera de lo que se llamó la *Era Progresiva*, hizo de la industria estadounidense un ejemplo para el resto del mundo y estableció muchas de las leyes que con las décadas llegamos a tomar por garantizadas. Leyes contra la labor infantil y la explotación de trabajadores fueron instituidas en éste periodo. Leyes de protección al consumidor y de protección ecológica fueron también creadas por primera vez. En un tardío reconocimiento al hecho de que la mujer había contribuido al desarrollo de la nación tanto como el hombre, la enmienda constitucional número 19, dando a la mujer el derecho al voto, fue aprobada por el requerido número de legislaturas estatales y se convirtió en ley en 1920.

Con la ola de inmigración entrando en su quinta década, y con los sentimientos anti inmigratorios aumentando como resultado del miedo al espionaje y la ola anti inmigrante creados por la guerra, el Congreso de los Estados Unidos aprobó una restrictiva ley de inmigración en 1924. El *Acta de Inmigración de 1924* redujo el número de inmigrantes permitidos a unos cuantos miles al año, y fue creada de un modo que impedía permitir que entraran más inmigrantes de aquellos países que se habían convertido en la fuente principal de inmigrantes durante los previos años. Esta actitud significó un gran cambio con respecto a la política que había existido durante las cinco décadas previas, durante las cuales se había dado la ola de inmigración más grande en la historia del país, simbolizada por la famosa Estatua de la Libertad en el puerto de Nueva York, recibiendo a los inmigrantes que llegaban por barco a ese lugar. El impacto social de la ley fue general. Los diferentes énclaves étnicos que se habían desarrollado en las ciudades de los Estados Unidos desde los 1890s continuarían en su bullicio y vitalidad aún después de que la llegada continua de nuevos inmigrantes se detuvo, pero al ir naciendo una nueva generación, éstos niños empezaron a usar el inglés como su lenguaje materno, y se empezaron a integrar a la sociedad norteamericana al aprender con niños de todos orígenes, pero ya nacidos aquí, en las escuelas. Al hacerlo se convirtieron en partícipes en el mismo proceso de adaptación cultural que ha sucedido continuamente durante la historia del país, y gradualmente comenzaron a crear la sociedad que se encargaría de sacar adelante a la nación durante algunas de las horas más oscuras del siglo 20.

Después de un corto periodo de baja actividad económica al terminar la guerra, el mundo volvió a entrar en un periodo de prosperidad, y los Estados Unidos mucho más que cualquier otro país. Este periodo, conocido comúnmente como los "Roaring Twenties" (Tumultuosos Veintes) por la actitud de optimismo y alegría que prevalecía en el país, fue uno de rápido crecimiento y más industrialización. La producción masiva de productos industriales y de consumo llevó a incrementar el estándar de vida de mucha gente. La sociedad se convirtió en más urbana y más diversa por los cambios demográficos por los que el país había pasado. La campaña anti bebidas alcohólicas que había durado décadas finalmente tuvo éxito al aprobarse una enmienda a la Constitución que hizo ilegal el consumo de alcohol en lugares públicos. Esto causó un inmenso mercado ilegal, y dio paso a organizaciones criminales que hicieron fortunas con la destilación, tráfico y venta ilícita de alcohol. El intento, conocido como La Prohibición, y hecho ley a través de la Enmienda 18 a las Constitución de los Estados Unidos, fue un fracaso enorme. Mientras el gobierno se esforzaba en hacer valer la ley, muchos miembros del público encontraron formas de seguir consumiendo alcohol y de seguir celebrando la fiesta de los buenos años.

A pesar de la creciente urbanización, los Estados Unidos continuaban siendo una nación primariamente agrícola, aunque la agricultura estaba muy fragmentada, con muchas granjas todavía en manos de familias. Pero la economía iba cambiando gradualmente; los trabajos en la industria iban aumentando, y la industria de servicios también estaba creciendo. El sistema de educación pública, guiado a nivel estatal y local, aseguraba que la población tuviera por lo menos una educación básica. El gran sistema de universidades estatales que conocemos hoy en día ya estaba en su mayoría existente, y ofrecía una educación superior de alta calidad a un porcentaje más alto de la población que en cualquier otro país. La gran idea del "melting pot", que describía a los Estados Unidos como un lugar donde gente proveniente de muchas partes se mezclaría y crearía una nación únicamente americana fue puesta a prueba durante estos años. Los inmigrantes añadieron una gran diversidad al país, y lo fueron transformando. Aparte de orígenes nacionales más variados también hubo un incremento en la diversidad religiosa. Un número mucho más elevado de católicos y judíos llegaron al país en las olas de inmigración que los que habían llegado antes de 1880. Como fue mencionado antes, mucha de ésta gente fue, por primera vez, de un origen que no fuera europeo del norte (escandinavo, británico, irlandés, alemán y holandés) como lo habían sido la mayoría de los previos inmigrantes al país. Su llegada fue recibida por muchos con gritos de protesta y preocupación sobre su capacidad de convertirse en "verdaderos estadounidenses". Sus extrañas costumbres, apariencia e idiomas parecían garantizar, en opinión de muchos, que nunca se asimilarían ni tendrían lealtad a su nuevo hogar.

Sin embargo con el tiempo se vio que estos miedos xenofóbicos eran infundados. La necesidad de ganarse el sustento en las duras condiciones en las que muchas gentes vivían, y su deseo de convertirse en "Americans" garantizó que los recién llegados hicieran todo esfuerzo necesario para aprender el idioma y las costumbres de su nuevo país.

Todos estos temas que habían parecido tan importantes durante los 1920s se convirtieron en algo de menor preocupación para la mayoría de la población al irse oscureciendo el horizonte al final de la década, y al entrar el país a su más grande prueba desde la Guerra Civil.

La Gran Depresión

La expansión económica de los 1920s terminó con un desplome estrepitoso en Octubre de 1929, cuando la bolsa de valores de Nueva York perdió una gran parte de su valor en unos cuantos días. Esto significó que todas las compañías listadas perdieron miles de millones de dólares en valor, y que muchos de los inversionistas que habían puesto los ahorros de toda su vida en valores bursátiles los vieron desaparecer. El "crash" reflejó una evaporación de la confianza a causa del declive en las condiciones económicas alrededor del mundo.

En Europa, a Alemania se le había ordenado el pago de reparaciones de guerra a los aliados después de la Primera

Guerra Mundial, y su economía se estaba desmoronando, creando hiperinflación y hambre entre la población. Otras economías del continente también estaban en muy mala condición, la cual empeoró con caídas de bolsas de valores similares a la norteamericana. Al empeorar la situación en los Estados Unidos en los meses y años después de la caída de la bolsa, el gobierno se vio inefectivo en su manejo de la economía y el público perdió la confianza. Los Demócratas ganaron la elección de 1932 con Franklin D. Roosevelt como su candidato. FDR, como le llamaba el pueblo, llegó a la presidencia con la promesa a la gente de una mejoría en sus vidas, y de poner un fin al mal manejo económico de la previa administración del presidente Herbert Hoover.

FDR se puso a trabajar rápidamente y en sus primeros cien días en el puesto logró que el Congreso aprobara leyes designadas a estabilizar el sistema bancario nacional y a poner a trabajar a los desempleados. Entre sus primeras acciones creó el *"Emergency Banking Relief Act"* (Acta de Alivio Bancario de Emergencia) que tenía como fin auxiliar a los bancos en aprietos. También creó el *Civilian Conservation Corps -CCC* (Cuerpo de Conservación Civil) y la *Civil Works Administration-CWA* (Administración de Obras Civiles) para construir proyectos de infraestructura que crearan empleos para los millones que estaban desempleados. El *"Social Security Act"* (Acta de Seguridad Social), su legado más duradero, no fue parte de este primer grupo de leyes, pero sí fue creada durante su primer término como presidente.

A pesar de que solamente tuvo un éxito parcial en sus intentos de revivir la economía, FDR fue fácilmente reelegido en 1936. En medio de esta *Gran Depresión*, como se le llegó a llamar, el país estaba también siendo afectado por una sequía que al durar varios años convirtió áreas muy grandes del centro del país en semi desiertos infértiles, llenos de polvo. Esta situación causó una de las migraciones internas más grandes en la historia del país, con mucha gente abandonando el área que llegó a ser conocida como el "Dust Bowl" en los estados de las praderas centrales, y emigrando a otras partes de los Estados Unidos, especialmente la Costa Oeste, en busca de una mejor vida.

Con la economía en muy mal estado, el gobierno federal decidió emitir bonos y entrar en un gran déficit presupuestal para conseguir fondos con el objetivo de crear programas de combate al desempleo y a la falta de actividad económica. Estas políticas fueron algo completamente diferente de lo que previas administraciones habían hecho porque resultaron en una expansión del papel que el gobierno federal jugaba en la vida de los ciudadanos. Sin embargo sí tuvieron éxito en mantener a mucha gente que no podía encontrar trabajos en el sector privado en un empleo que les permitiera no acabar en la pobreza. El debate político que resultó sobre estas medidas activistas tomadas por el gobierno en materia de empleo y crecimiento mantuvo al país enfocado en asuntos nacionales y sin prestar atención a la amenaza que se estaba materializando en Europa. Este debate sobre la efectividad de las medidas del gobierno y sobre qué tan importante fue el papel que jugaron en poner fin a la Gran Depresión continúa hasta hoy día. Algunos economistas sostienen que las medidas fueron fundamentales en prevenir que la situación económica se hiciera peor, otros reconocen los límites de su efectividad, pero realzan su efecto positivo en reducir el desempleo. También hay economistas que sostienen que la efectividad de las medidas fue limitada y que solamente la Segunda Guerra Mundial sacó al país de la Gran Depresión. Un análisis objetivo a las estadísticas del Producto Nacional Bruto (GDP por sus siglas en inglés) de esos años tiende a apoyar ésta última opinión de que la nación solamente salió de la Gran Depresión gracias al crecimiento generado por tener que poner su economía en pie de guerra.

La Segunda Guerra Mundial

La humillación que los Aliados causaron a Alemania con el Tratado de Versalles, en el cuál Alemania fue forzada a desarmarse y a pagar por años muy altas sumas a los Aliados como reparación de daños causados en la guerra, sirvió como el combustible que los extremistas usaron allí para una vez más amenazar a la paz mundial unos años más tarde.

La mala situación económica durante los 1920s en países como Italia y Alemania fomentó la aparición de movimientos llamados fascistas que culpaban a fuerzas externas (las democracias, incluyendo los Estados Unidos, y el comunismo) por la mala situación del pueblo. Nacionalsocialismo, el nombre de la versión alemana, tenía también un gran componente anti Semítico como base, culpando a los Judíos por muchos de los problemas que Alemania sufría.

Prometiéndole al pueblo un mejor futuro, y ofreciendo una visión de una Alemania fuerte, Adolf Hitler, el líder del partido Nazi, fue elegido al puesto de Canciller de Alemania en la elección de Marzo de 1933. Inmediatamente se dedicó a consolidar todo el poder en sí mismo, y luego a rearmar a Alemania. También inició una política de persecución y arrestos de la población judía en Alemania. Esta política se recrudeció durante sus doce años en el poder, llegando a convertirse en una política de extermino de toda la población judía en los territorios que Alemania controlaba. A esto se le llama el *Holocausto*. Hitler pronto se dedico a anexar territorios con poblaciones de habla alemana en los países vecinos a Alemania. Esto lo logró hacer varias veces porque los países europeos no se lograron poner de acuerdo sobre la importancia de detenerlo. Cuando finalmente presentaron un frente común en Agosto de 1939 no le importó e invadió Polonia. Esto desató la Segunda Guerra Mundial ya que Gran Bretaña y Francia, obligadas por previo tratado a defender a Polonia, se mantuvieron firmes a la letra del tratado y declararon la guerra a Alemania.

Los alemanes pronto derrotaron a casi todos los países que se les opusieron. Solamente el Reino Unido, defendido por los pocos kilómetros de agua del Canal de la Mancha que lo separa de Francia, y por los valientes pilotos de combate del *Royal Air Force,* se mantuvo en su desafío de Alemania. Los Estados Unidos mantuvieron su neutralidad una vez más, pero el presidente Roosevelt tenía la intención de ayudar a los británicos. Gran Bretaña era una democracia peleando contra un régimen totalitario y los lazos históricos entre ambos países de habla inglesa eran fuertes. Sin embargo los Estados Unidos apenas empezaban a dar indicios de emerger de la Gran Depresión y mucha gente prefería que el gobierno se dedicara a asuntos domésticos, y no que se involucrara en otra guerra europea. La Gran Bretaña y su imperio estaban solos, fortalecidos en su determinación de evitar una derrota gracias al gran liderazgo de su primer ministro, Winston Churchill, quien honestamente prometió a su pueblo nada más que "sangre, penurias, lágrimas y sudor". Los británicos resistieron los ataques por aire y mar, y eventualmente forzaron a Hitler a posponer una invasión y dedicarse en lugar de ello a preparar un ataque gigante contra la Unión Soviética, el cual lanzó en el verano de 1941.

La ambivalencia de los Estados Unidos sobre una entrada a la guerra continuó durante los primeros dos años de guerra en Europa. Pero todo cambió el 7 de Diciembre de 1941. En este "...*day which will live in infamy*" (Día que vivirá en la infamia) como FDR le llamó en su discurso a la sesión del Congreso al día siguiente, la Armada Imperial de Japón lanzó un ataque sorpresa contra la base del *U.S. Navy* en Pearl Harbor, Hawaii, logrando hundir o dañar casi todos los acorazados basados allí, y logrando también destruir todo el poderío aéreo de los Estados Unidos basado en la isla. El ataque fue una sorpresa completa para el país entero, como ninguno lo había sido en la historia de la nación hasta ése entonces, y fue efectivamente un desastre militar. Lo único que salvó a la Armada de Guerra del Pacífico de una completa eliminación como fuerza militar fue el que ambos portaaviones basados en Pearl Harbor estaban fuera de puerto, en maniobras, ese día. Este hecho, de buena suerte para los Estados Unidos sin lugar a duda, tuvo una gran influencia sobre el desarrollo de la guerra en el Pacífico y sobre cómo se logró la victoria final.

El ataque a Hawaii, y otros casi simultáneos contra Guam, Wake Island y las Islas Filipinas, todas ellas bases avanzadas norteamericanas en el Pacífico, dejaron a los Estados Unidos enfrentando un enemigo bien armado, que sabía cómo pelear, en completo control del Pacifico Occidental, amenazando a Alaska y hasta a la misma Costa Oeste de los Estados Unidos.

Hitler y Benito Mussolini, el dictador fascista italiano, habían aliado a sus naciones con Japón, estableciendo el llamado Eje, varios meses antes del ataque a Pearl Harbor, y declararon la guerra a los Estados Unidos en los días siguientes al ataque a Pearl Harbor. A pesar de todas las dudas norteamericanas sobre otra intervención en una guerra europea, los Estados Unidos se vieron precisamente en esa situación apenas dos décadas después de haber peleado la última. Cuando fue informado que los Estados Unidos habían entrado a la guerra, Winston Churchill sintió alivio porque sabía que el Imperio Británico ya no estaba solo, y que una vez que la economía norteamericana estuviera en pie de guerra y sus hombres y mujeres entraran a la batalla, sería muy difícil que Alemania y Japón pudieran competir con el poderío combinado de los Aliados.

Los Estados Unidos pasaron los primeros meses después de su entrada a la guerra en la defensiva, sin poder atacar al enemigo, con la notable excepción del ataque llamado el "Doolitle Raid" en honor al hombre que lo dirigió, y el cuál consistió de un ataque aéreo contra Tokio con aviones lanzados desde un portaaviones a los pocos meses del ataque de Pearl Harbor. El *Army*, los *Marines*, y el *Army Air Corps* habían sido reducidos durante el periodo entre las guerras y solamente habían empezado a ser más apoyados los últimos dos años, así que esto causó que no fueran al inicio una fuerza efectiva contra las fuerzas armadas de Alemania y Japón.

Pero lo que sí tenían los Estados Unidos eran un muy efectivo liderazgo militar y la más grande planta industrial del mundo. El país había sido atacado, así que el pueblo estadounidense estaba junto en esta lucha. El Almirante Yamamoto, quien había planeado el ataque a Pearl Harbor, había pronosticado que los Estados Unidos eran un gigante dormido al cual sería difícil vencer ya que estuviera despierto; en este sentido la opinión de Yamamoto era absolutamente correcta.

El ataque a Pearl Harbor causó una reacción inmediata en el público estadounidense. Millones de hombres de edad militar se reportaron a enlistarse en las fuerzas armadas en todo el país, la planta industrial fue rápidamente convertida a producción de material de guerra, y el genio de diseño yanqui resultó en la invención de diversas máquinas que facilitaron el esfuerzo militar aliado. Los Estados Unidos exportaron aviones y tanques a los rusos y a los británicos, y el *U. S. Navy* ayudó a mantener el Atlántico Norte abierto para seguir supliendo lo necesario al Reino Unido. Este inmenso esfuerzo llevó a Churchill a llamar a los Estados Unidos "El Arsenal de la Democracia".

Pero los Estados Unidos hicieron mucho más que enviar pertrechos a los rusos y británicos, enfrascados en su larga lucha. Al entrar a la guerra, lo hicieron como un combatiente formidable, colocándose como el líder global en la lucha para salvar al mundo de la dictadura totalitaria. Antes de que los Estados Unidos pudieran recuperarse del ataque inicial, los japoneses lograron conseguir un último avance hacia el Este al atacar las Islas Aleutianas en Alaska y apoderarse de un par de ellas. Pero hasta ahí llego su expansión. Una vez que el *U.S. Navy* se había recuperado parcialmente del ataque contra Pearl Harbor tomó la iniciativa contra los japoneses. Después de la Batalla de Midway, en la cual los japoneses perdieron muchos de sus mejores pilotos y cuatro de sus portaaviones, los Estados Unidos ya nunca perdieron la iniciativa. Las fuerzas Aliadas, dirigidas por Estados Unidos, combatieron en una campaña de isla a isla contra las fuerzas imperiales de Japón, pagando un tremendo costo en bajas. Pero la habilidad estratégica de comandantes como el general Douglas MacArthur, y los Almirantes Chester Nimitz, Joseph Spruance y William Halsey hicieron posible que los Estados Unidos y los Aliados retomaran gradualmente el territorio que los japoneses habían invadido durante su campaña inicial. Guadalcanal, Mar Del Coral, Nueva Guinea, las Filipinas, y más tarde el Golfo de Leyte, Tarawa, Okinawa e Iwo Jima fueron todas victorias aliadas que gradualmente erosionaron la capacidad de combate japonesa en cielo, mar y tierra, y llevaron al Imperio Japonés cada vez más cerca al borde de la derrota.

El segundo frente en Europa Occidental, el cual los Soviéticos tanto deseaban ver abierto ya que forzaría a los alemanes a quitar presión del frente ruso, tuvo que esperar hasta que suficiente material necesario para el ataque se hubiera acumulado en Inglaterra, y hasta que los Aliados hubieran llegado a un acuerdo sobre la estrategia a seguir. Churchill y Roosevelt se habían ya reunido un par de veces antes de que los Estados Unidos entraran en la guerra. Una vez más se reunieron, con Stalin presente esta vez, en Teherán en 1943. Esta reunión tenía como objetivo la fecha y lugar de la apertura del segundo frente contra los alemanes e italianos.

Después de muchos desacuerdos, se decidió que se lanzaría un ataque inicial en África del Norte, para expulsar a los alemanes e italianos de Libia y Túnez. Este ataque sería seguido por uno contra la parte blanda de Europa, nombre usado por Churchill para referirse a Italia. El ataque en África del Norte resultó como había sido planeado. El Afrika Corps del general Rommel fue aislado de sus bases de abastecimiento en Italia y se tuvo que rendir a las fuerzas Aliadas. Este ataque fue seguido por una invasión de Sicilia, operación también realizada con éxito. El siguiente paso aliado fue desembarcar fuerzas en Italia y empezar el empuje al norte en contra de un enemigo muy capaz y bien atrincherado. Esta fue una campaña larga y sangrienta que les costó a los aliados miles de vidas. Aún después de que Italia se rindió, las fuerzas de ocupación alemanas mantuvieron a los aliados ocupados hasta el fin de la guerra. Pero el acto final de la guerra estaba a punto de tomar lugar en el territorio de la misma Alemania.

Una vez que los desembarcos anfibios se habían llevado a cabo en África, el Mediterráneo y también en el Pacífico, los Aliados estaban listos para el ataque principal contra Alemania en la Francia ocupada. Cabe realzar que la Resistencia francesa proporcionó gran ayuda a los Aliados durante los preparativos con sus frecuentes ataques contra las líneas de abastecimiento, áreas de almacenamiento de pertrechos, y tropas de refuerzo alemanas.

La invasión, el más grande ataque anfibio de todos los tiempos, con más de 5,000 barcos de todo tipo, 200,000 hombres en las olas del ataque inicial, y miles de aviones para apoyar el desembarco, se llevó a cabo en las playas de Normandía. Los alemanes estaban seguros que el ataque llegaría en un punto más estrecho del Canal de la Mancha y no estaban tan preparados para que ocurriese en el área de Normandía. Esta equivocación, así como la lenta reacción que los nazis tuvieron al desembarco inicial, permitió que los Aliados, bajo el mando del general Dwight D. Eisenhower, establecieran una cabeza de playa a través de la cual pudieron desembarcar más hombres y armas en suelo francés.

Después de este desembarco, en Junio de 1944, los Aliados mantuvieron a los alemanes en la defensiva, y en constante retroceso. Los rusos hicieron lo mismo en el frente oriental, y pronto se vio claramente que la derrota alemana solamente era cuestión de tiempo. El ejército alemán intentó salir del aprieto con un contraataque en gran escala, en la Batalla de la saliente de Bastogne en Diciembre de 1944. Las fuerzas Aliadas, especialmente las norteamericanas, los repelieron durante una serie de acciones que fueron entre las más sangrientas del frente occidental. Pero con estos ataques Hitler había usado lo que quedaba de sus fuerzas de reserva y cuatro meses más tarde, con Alemania literalmente desmoronándose a su alrededor, se suicidó en su bunker en Berlín.

Los "Tres Grandes", como se les llamaba a Roosevelt, Churchill y Stalin, habían acordado durante su última reunión en Yalta, en la Crimea, que los rusos serían los primeros en entrar a Berlín. El general Eisenhower, comandante supremo de los Aliados para el frente occidental, acató la orden y los rusos entraron a Berlín primero. Las fuerzas alemanas se rindieron a los Aliados en toda Europa en rápida sucesión a fin de Abril de 1945, y Alemania se rindió oficialmente el 8 de Mayo de 1945. Roosevelt, para entonces en su cuarto término como presidente, no llegó a presenciar el día de la victoria, ya que murió de una embolia el día 12 de Abril de 1945. Pero ya para entonces había completado su labor. A pesar de sus controvertidas políticas durante tiempo de paz, su habilidad de unir al pueblo estadounidense y dirigir al país durante la guerra lo coloca en un lugar seguro entre los más grandes presidentes de los Estados Unidos.

El fin de la guerra en Europa permitió que salieran a relucir las tensiones entre los Aliados que habían estado bajo la superficie durante el conflicto. Churchill sentía desconfianza de los rusos, aunque Roosevelt pensaba que sí podía negociar con Stalin. Sin embargo, Roosevelt ya no estaba presente, y Harry Truman, su vice-presidente, quien era el presidente ahora, no tenía ninguna relación personal con Stalin. Truman estaba dedicado a derrotar a Japón, una tarea sangrienta que muchos opinaban costaría todavía cientos de miles de vidas norteamericanas más.

La atención se volcó al frente del Pacífico desde Mayo 1945 en adelante. La guerra continuaba allá. Las más recientes batallas de Iwo Jima y Okinawa, cerca de las islas principales de Japón, habían sido muy costosas en bajas americanas y muchos soldados temían lo que venía. Pero la esperada invasión de Japón nunca tuvo lugar. Los Estados Unidos habían estado trabajando en un proyecto de un arma secreta por tres años, y después de una prueba exitosa el presidente Harry Truman tomó la decisión de usarla contra Japón. Esta arma era la primera bomba atómica, y era un producto del súper secreto "Manhattan Project", un gigantesco esfuerzo científico que había sido llevado a cabo en Nuevo México, en los Estados Unidos, desde 1942. Después de haber comprobado el poder de esta arma, una segunda bomba fue soltada desde un avión B-29, el *Enola Gay*, sobre la ciudad de Hiroshima, Japón, el día 6 de Agosto de 1945. Sin ninguna indicación de parte del gobierno japonés de que estuvieran dispuestos a rendirse, otra bomba fue usada en Nagasaki, el día 9 de Agosto.

El poder destructivo de las bombas era algo nunca antes visto, y el emperador Hirohito, sabiendo que la guerra estaba perdida, se impuso sobre sus militares y tomó la decisión de rendirse. El uso de las bombas ha sido un tema de debate desde entonces, con mucha gente criticando la acción como innecesaria. Sin embargo, la situación militar era muy clara. Los desembarcos anfibios en Okinawa e Iwo Jima habían sido dos de las batallas más costosas en cuestión de vidas y Truman, como Comandante en Jefe, tenía un deber de tratar de salvar cuántas vidas norteamericanas fuera posible salvar. Hizo lo que creyó que era necesario para alcanzar éste objetivo. El uso de las bombas, a pesar de hacer sido tan terrible, puso un fin rápido a la guerra. Japón finalmente se rindió el día 15 de Agosto de 1945.

Capítulo 6
Los Años de Guerra Fría: 1945 a 1960s

El boom de la posguerra, y la Guerra Fría

Con la paz ganada, gracias al sacrificio de cada estadounidense, era hora de que el país se acercara más a los ideales en que fue fundado. Las fuerzas armadas de los Estados Unidos estuvieron segregadas durante la guerra. Estadounidenses de todo origen habían peleado contra el enemigo, pero en el caso de las unidades de afroamericanos y de estadounidenses de ascendencia japonesa, la segregación continuó durante la guerra. Sin embargo, el conflicto tuvo un tremendo impacto social. Con tantos hombres en uniforme, muchas mujeres se unieron a la fuerza laboral por primera vez, iniciando una tendencia social que ha continuado por décadas, y dando creación a la imagen de "Rosie the Riveter", la joven mujer trabajando en la fábrica, y ayudando a mantener la industria activa durante la guerra.

La guerra también unificó a la sociedad estadounidense en una forma que decisiones gubernamentales no hubieran podido hacer en tan poco tiempo. El servicio en las fuerzas armadas forzó a que los hijos e hijas de los ciudadanos ya largamente establecidos en el país tuvieran que convivir con los descendientes de inmigrantes de generaciones recientes, muchos de ellos de Europa del Sur y Europa Oriental. El origen étnico de una persona no importaba cuando se tenían que compartir las penas y el sufrimiento

91

de una forma igual en una trinchera. En esta forma, la Segunda Guerra Mundial aceleró el proceso de integración que ya estaba en marcha, y reforzó la noción de los Estados Unidos como un lugar donde gente de todas partes formaban, unidos, una nueva nación.

La guerra había sido costosa no solo para las naciones derrotadas, sino también para las que resultaron victoriosas. Los Estados Unidos sufrieron casi medio millón de muertos, y cientos de miles de heridos. Pero por lo menos la población tenía el consuelo de que la masa continental de los Estados Unidos no había sido afectada por ataques enemigos. La porción europea de la Unión Soviética estaba destruida, así como lo estaban Alemania, Japón, y muchas áreas de países del continente europeo. Gran Bretaña estaba victoriosa, pero arruinada financieramente. Sus ciudades estaban destruidas y su imperio se estaba viniendo abajo, como resultado de insurrecciones populares contra el colonialismo. Una vez más fueron los Estados Unidos quienes salieron de la guerra en una posición fuerte y con la oportunidad de establecer la agenda de los asuntos internacionales. Pero ésta vez su posición era mucho más dominante. La producción industrial norteamericana era necesaria para mantener a Europa Occidental fuera de la anarquía y hambruna que amenazaban inmediatamente después de la guerra, y era también necesaria para evitar que cayera en manos soviéticas. El Plan Marshall, un plan de los Estados Unidos de ayuda a los países de Europa Occidental, logró mucho en éste sentido e inició la reconstrucción de Europa. Otro acto similar, menos conocido pero igualmente importante, fue la dirección de Japón a manos del general MacArthur después de la guerra.

En su posición de gobernador general MacArthur logró un gol de recuperación económica y política similar, y estableció las bases para el Japón moderno basado en instituciones norteamericanas.

Casi inmediatamente después del fin de la guerra los desacuerdos existentes entre la Unión Soviética y los Aliados occidentales se convirtieron en hostilidad abierta. Los soviéticos rompieron su promesa de llevar a cabo elecciones libres en los países de Europa central y oriental bajo su control, mantuvieron a sus tropas de ocupación en ellos, e instalaron regímenes títeres. Churchill dijo durante una visita a los Estados Unidos en 1946 que era "como si una gran Cortina de Hierro" hubiera descendido sobre Europa", separando las áreas bajo control estadounidense, británico y francés de aquellas bajo control soviético, y el término quedo en uso desde ese entonces.

Los soviéticos, aliados durante la guerra, empezaron a establecer sus propias ambiciones territoriales, en conflicto directo con los Estados Unidos y sus aliados de Europa Occidental. El mundo estaba rápidamente entrando a un nuevo periodo de tensión ideológica, esta vez entre el capitalismo y el comunismo. Sin embargo, esta hora también era hora de que el pueblo de los Estados Unidos se regocijara. La vida era buena, y había mucho que celebrar en casa. El fin de la guerra dio lugar a un gran incremento en el número de nacimientos. Este incremento de población, conocido como el *"Baby Boom"*, tuvo efectos que aún hoy en día seguimos sintiendo. Al crecer las familias, la economía entera se convirtió de una economía de guerra a una de paz. Automóviles, aparatos electrodomésticos, maquinaria industrial y de agricultura y construcción necesaria para el crecimiento en el país y el de todo el mundo salió de fábricas norteamericanas. El gran número de nuevas casas causó una expansión en las ciudades. Esto creó una necesidad de expandir la red vial, y como consecuencia, la venta de automóviles se elevó. Un elemento importante del "Sueño Americano", el de tener casa propia, se hizo posible para mucha gente gracias a que el costo de la tierra lejos del centro de la ciudad era más bajo, permitiendo la construcción de casas más baratas. Crucialmente, el gobierno federal apoyó la educación de los veteranos que regresaban de la guerra a través de la legislación del GI Bill, el cual tenía como objetivo el financiar la educación superior de hombres que regresaban del servicio militar activo. Esta decisión fue una de las más importantes tomadas en ese periodo, y su efecto positivo perduró en muchas formas por décadas. Una fuerza laboral con un alto nivel educativo aseguró que los Estados Unidos mantuvieran el liderazgo en las ciencias y la ingeniería, así como en áreas como la medicina, la administración de empresas y la manufactura. Las compañías norteamericanas fueron en muchos casos pioneras en la expansión a otros mercados alrededor del mundo. El paisaje competitivo actual es muy diferente, pero la lección del valor que tiene una fuerza laboral bien educada es muy relevante para nosotros hoy en día.

La división entre Este y Oeste sirvió para crear el sentido de urgencia que dio empuje al desarrollo nacional y al poderío militar. Los soviéticos confirmaron los temores norteamericanos cuando lograron detonar sus propias bombas nucleares en 1949. El siguiente año, la Guerra Fría se convirtió en una guerra activa en la península de Corea, cuando las fuerzas de Corea del Norte invadieron y vencieron a Corea del Sur en un ataque que solamente fue neutralizado con la intervención masiva de fuerzas de las Naciones Unidas, con los Estados Unidos al mando. Como respuesta a la intervención de las fuerzas internacionales, y a su contraataque que las llevó a invadir Corea del Norte hasta llegar a su frontera, la China Comunista entró a la guerra con un millón de hombres bajo armas y logró rechazar a los aliados hasta la frontera original entre las dos Coreas. Una guerra muy sangrienta siguió, con ambos lados no cediendo mucho terreno. La paz retornó, finalmente, tres años más tarde, cuando se acordó una tregua. Sin embargo, el formal estado de guerra nunca ha terminado, y la precaria tregua significa que éste sigue siendo uno de los lugares más volátiles del mundo, como hemos podido ver con eventos de años recientes.

El general Eisenhower, comandante supremo Aliado de las Segunda Guerra Mundial, querido y respetado por el pueblo, había ganado la elección presidencial de 1952. Eisenhower llegó a ser un líder capaz quien presidió sobre una expansión económica norteamericana sin igual. Eisenhower guió al país durante un tiempo de cambio social, con el pueblo preocupado por la expansión del comunismo en todo el mundo y en Estados Unidos mismo, y con las relaciones raciales volviéndose más difíciles en ciertas partes del país. La preocupación constante sobre el programa de proyectiles balísticos de la Unión Soviética en círculos militares y gubernamentales llevó a los Estados Unidos a crear su propio programa. El gobierno también estableció la Administración Nacional de Aeronáutica y

Espacio (la famosa NASA, por sus siglas en inglés) para guiar los esfuerzos del gobierno en materia de proyectiles y tecnología espacial. Una de las más grandes ironías de la historia de la posguerra americana es que los científicos alemanes que habían estado a cargo del programa de proyectiles balísticos alemán durante la guerra fueron los mismos que guiaron el esfuerzo estadounidense para desarrollar cohetes que resultaron con muchas aplicaciones militares y civiles, incluyendo los que formarían parte de la Carrera Espacial. Dirigidos por Wernher Von Braun, la mayoría de estos talentosos hombres que formaron parte del programa espacial de los Estados Unidos habían preferido rendirse a las fuerzas estadounidenses en lugar de caer en manos soviéticas al fin de la guerra.

La Crisis de Misiles Cubana de 1962

La lucha contra el comunismo, y su principal exportador y fuente de apoyo, la Unión Soviética, se convirtió en el tema dominante de la política exterior de los Estados Unidos durante la presidencia de Eisenhower. El asunto dominó la elección presidencial de 1960. Usando el tema como tema de campaña más efectivamente que Richard Nixon, el vice-presidente de Eisenhower que era el candidato Republicano para la presidencia, John F. Kennedy prometió cerrar la deficiencia en número de proyectiles que él alegaba se había creado entre la Unión Soviética y los Estados Unidos, la cual ponía en peligro al país. Su postura firme en materia de defensa, y su habilidad de comunicación a través del nuevo medio, la televisión, se combinaron para hacerlo el ganador de la elección presidencial de 1960. Kennedy fue rápidamente puesto a prueba por Nikita Khrushchev, el líder soviético, y por el fracaso de una invasión a Cuba llevada a cabo por exiliados cubanos con apoyo norteamericano.

Khrushchev, habiendo llegado a la conclusión después de conocerlo en Viena de que la juventud y falta de experiencia de Kennedy lo hacían indeciso, decidió instalar misiles nucleares en Cuba, a 145 kilómetros de los Estados Unidos. Cuba, bajo Fidel Castro, se había alineado con los soviéticos desde alrededor de 1960, poco después de la Revolución Cubana, y esto les daba a los comunistas una plataforma de lanzamiento que estaban dispuestos a usar para poner presión en sus negociaciones con Estados Unidos.

Aunque la noticia lo tomó por sorpresa al principio, Kennedy y su administración decidieron actuar firmemente para eliminar esta amenaza a la existencia misma de los Estados Unidos. A pesar de que Kennedy y sus asesores vieron este movimiento ruso como algo que los Estados Unidos no podían aceptar, inteligentemente decidieron no invadir a Cuba, ya que sabían que el riesgo de una guerra total con la Unión Soviética a causa de ello era muy alto. En lugar de ello prefirieron imponer un bloqueo a cualquier nuevo cargamento de misiles a Cuba, advirtiendo a los soviéticos que a ningún barco le sería permitido pasar el bloqueo. Varios barcos de carga soviéticos estaban ya en camino, acercándose a la isla, cuando el bloqueo fue anunciado, y el mundo se quedó esperando a ver la reacción soviética.

Los barcos no trataron de romper el bloqueo. Después de estarse viendo con desafío mutuo por varios días se llevaron a cabo negociaciones secretas entre ambas naciones, y los soviéticos acordaron retirar los misiles de Cuba a cambio de que los Estados Unidos desmantelaran misiles ya instalados en Turquía, un aliado de la OTAN. La tensión se redujo y el mundo tomó un paso atrás del borde de la guerra nuclear. Esta fue una gran victoria de política exterior para el joven presidente quien hasta entonces había sido acusado por muchos de inexperiencia en asuntos internacionales. También estableció un precedente de negociar con los soviéticos desde una posición firme.

Kennedy había establecido sus credenciales en relaciones exteriores, y se estaba alistando para hacer su campaña de reelección cuando fue asesinado por Lee Harvey Oswald en Dallas, Texas, el 22 de Noviembre de 1963. La muerte de Kennedy marca el descenso del país a un periodo de desorden social y político que duraría años del cual hablaré en el siguiente capítulo. Pero aún mientras esto ocurría, uno de los capítulos de mayor inspiración en la historia de los Estados Unidos estaba siendo escrito.

La Carrera Espacial

A pesar de todos los esfuerzos siendo hechos para salir delante de los soviéticos en la carrera espacial, fueron ellos los que anotaron todos los *home runs* al principio. Los soviéticos sorprendieron al mundo cuando lanzaron un pequeño satélite llamado *"Sputnik"* en 1957. Cualquier persona con un receptor de radio sintonizado a la frecuencia correcta podía escuchar su señal electrónica cuando pasaba en órbita por arriba. Los soviéticos a continuación fueron los primeros en poner a un hombre en órbita. Pero los Estados Unidos no estaban muy atrás. El satélite y el hombre en órbita fueron igualados en cuestión de semanas. Las derrotas iniciales impulsaron al gobierno a la acción pronta, y NASA obtuvo los fondos que necesitaba para hacer un buen trabajo. Los programas Mercury y Gemini probaron la resistencia del hombre para vivir en el espacio durante días y su habilidad de controlar una nave espacial en las difíciles condiciones de maniobras orbitales.

En un famoso discurso dado en la Universidad Rice en Houston, Texas, en 1962, el presidente John F. Kennedy había retado al país a poner a un hombre en la luna antes del fin de la década. Con un objetivo tan claro, y con la seguridad nacional y el orgullo nacional en juego, los científicos en la NASA y en sus subcontratistas privados trabajaron arduamente por varios años e inspiraron a la nación con su ingenio para lograr alcanzar el gol de Kennedy. A pesar de los retos, las equivocaciones y aún de un trágico accidente al principio del programa Apollo, los Estados Unidos estaban listos para lanzar un cohete a la luna en Julio de 1969.

Con todos los sistemas listos, y con el mundo entero viéndolo por televisión, el lanzamiento tuvo lugar como había sido planeado el 16 de Julio de 1969. Todo marchó bien, y Apollo 11 fue la primera misión tripulada que aterrizó en la luna unos días más tarde.

La tripulación consistió de Michael Collins, quien se quedó en órbita lunar en el modulo de comando *Columbia*, y de

99

Neil Armstrong y Buzz Aldrin, quienes bajaron a la superficie en el módulo lunar *Eagle*, convirtiéndose en los primeros seres humanos en caminar en una superficie fuera de nuestro planeta.

La hazaña sirvió para poner a vista la capacidad científica de los Estados Unidos y su poder nacional al mundo entero. Científicamente hablando, representó la culminación de cientos de años de progreso en ingeniería. También volvió realidad el sueño milenario del hombre de llegar más allá de nuestro planeta. El logro representó a los Estados Unidos en su mejor faceta de optimismo. La primera misión fue seguida por varias otras. Había planes de lanzar veinte misiones y de establecer una base en la luna, pero nunca se llevaron a cabo. El país tenía problemas sociales y económicos que requerían soluciones urgentes y que hicieron que el gobierno, equivocadamente, quitara atención al programa espacial. Esta falta de apoyo a NASA dejó a la agencia a la deriva por varios años hasta que el programa del transbordador espacial despegó a fines de los 1970s.

Capítulo 7
Los Estados Unidos modernos: 1960's a 2011

Durante estos años en los que los Estados Unidos continuaron al frente de la lucha contra el comunismo alrededor del mundo, rápidos cambios sociales tuvieron lugar en el país. La sociedad norteamericana estaba siendo transformada por factores como el "vuelo a los suburbios" en el cual muchas familias, gracias al automóvil, dejaron las ciudades para vivir en las afueras, y otros factores como la mayor participación de mujeres en la fuerza laboral y las protestas pidiendo que se llegara a una sociedad de derechos equitativos.

El Movimiento de Derechos Civiles

Los Estados Unidos habían continuado siendo un país segregado después de la guerra. Los GI´s afroamericanos que regresaban al país se vieron una vez más obligados a sentarse en los asientos de atrás del autobús, y obligados a soportar diarias humillaciones en lugares públicos. Jim Crow estaba vivo y presente en el Sur. Sí se puede decir que se había hecho progreso en ciertas áreas de la sociedad; la decisión "Brown vs. Board of Education" de la Suprema Corte en 1955 había declarado la ilegalidad de la doctrina existente de "separados pero iguales" que había legalizado la educación segregada décadas antes. Las fuerzas armadas y los deportes profesionales también habían empezado a ser integrados a fines de la década de los cuarentas. Pero la vida seguía siendo diferente para la mayoría de negros y blancos. Esta situación, prevaleciente en muchas partes del país, llevó a un fortalecimiento del movimiento entre los afroamericanos para obtener mejores derechos. La batalla se peleó en las cortes, y la desegregación del sistema educacional empezó a llevarse a cabo gradualmente.

La década de los cincuenta fue una en la que el gobierno federal tomó un papel cada vez más activo en asegurar que los derechos de los afroamericanos fueran respetados. Este cambio llevó casi veinte años en lograrse, y fue a veces un proceso tenso o violento. Había muchas gentes que no querían aceptar la decisión de incluir al proceso de decisiones a un grupo entero de gente que no había tenido derechos por décadas. El balance de poder cambiaría dramáticamente en algunas partes del país si los afroamericanos pudieran votar sin trabas. Guiados por el Reverendo Martin Luther King, Jr. el Movimiento de Derechos Civiles, como se le llegó a llamar, tuvo éxito en alcanzar sus objetivos a través del uso de medios de protesta no violentos durante los cincuentas y sesentas. Hubo grupos en la comunidad negra que si apoyaban confrontación abierta, pero a fin de cuentas los métodos de MLK prevalecieron. El Acta de Derechos Civiles de 1964 y el Acta de Derechos de Votante de 1965, ambas hechas ley durante la administración de Lyndon Johnson, fueron las piezas claves de legislación que aseguraron que los afroamericanos pudieran disfrutar de derechos iguales a los de todos otros los ciudadanos de los Estados Unidos.

Johnson, oriundo de Texas, entendió la importancia que la igualdad de derechos tenía para el futuro a largo plazo del país. Estas leyes, que fueron legislación controversial en algunas partes, cerraron el capítulo que se había dejado abierto desde la fundación de la nación. MLK, el líder más representativo de la comunidad negra durante su lucha, pagó el precio más grande por su valor al ser asesinado en Memphis, Tennessee en 1968. Sin embargo, sus esfuerzos dejaron atrás una nación en la cual la oportunidad de obtener una buena educación o un trabajo bien remunerado era más fácil para aquellos que estuvieran dispuestos a trabajar duro por llegar a sus metas, sin importar el color de su piel.

La década de los sesentas también marcó el nacimiento de otros movimientos cuyo objetivo era obtener igualdad de derechos para diferentes segmentos de la sociedad. El movimiento político y social llamado Movimiento Femenil, ya existente con anterioridad, reanudó sus esfuerzos para alcanzar igualdad de derechos para las mujeres en todas las esferas de la sociedad y, crucialmente, en el lugar de trabajo, donde crecientes números de mujeres empezaron a competir por trabajos anteriormente sólo accesibles a los hombres. Movimientos similares, para los derechos de los trabajadores de campo, muchos de ellos de origen mexicano y liderados por Cesar Chávez, y para aquellos con una orientación sexual diferente, marcan su punto de inicio y sus éxitos iniciales en esta década de cambio social y retos al orden establecido.

Es un homenaje al éxito de estos movimientos para transformar la sociedad y en influenciar legislación, y a la

103

capacidad de cambio continuo existente en la mayoría de los norteamericanos, el hecho que tantas gentes disfrutan del llamado "sueño americano" hoy en día. Queda mucho trabajo por hacer, como las tensiones sacadas a la luz por la actual situación económica del país lo comprueban, pero no hay duda que el país ha tomado pasos agigantados en relaciones entre razas y en derechos civiles durante los últimos cincuenta años.

Inmigración: Las puertas se vuelven a abrir

En una decisión que ha impactado a largo plazo la composición de la sociedad de los Estados Unidos, las leyes de inmigración fueron revisadas y un nuevo sistema fue establecido durante la década de los sesenta. El Acta de Inmigración de 1964 estuvo entre los esfuerzos legislativos que la administración Johnson aprobó en la gran ola de actividad que tuvo lugar después de la muerte de Kennedy. Por primera vez en cuarenta años el país abrió sus puertas a nuevos inmigrantes. La nueva ley expresamente estableció los números de personas que podían ser admitidos a los Estados Unidos legalmente, y dio preferencia a países en Asia y Latinoamérica que no habían tenido un número alto de emigrantes a los Estados Unidos anteriormente. Ha habido cambios y modificaciones a la política migratoria del país desde entonces, pero ésta ley continúa siendo la base sobre la cual los Estados Unidos mantienen su política migratoria hoy día, casi cincuenta años más tarde.

La Guerra de Vietnam

La administración del presidente Kennedy había decidido apoyar al gobierno sud vietnamita en contra de las guerrillas comunistas que Vietnam del Norte apoyaba a principios de la década de los sesentas.

Johnson incrementó la presencia militar de los Estados Unidos en Vietnam y pronto ésta se convirtió en una operación militar de gran importancia, llegando al medio millón de tropas, con fuerte guerra de guerrillas en todo Vietnam del Sur, y el uso del *U.S. Air Force* para bombardear las rutas de aprovisionamiento usadas por las guerrillas comunistas y el ejército de Vietnam del Norte. Esta participación norteamericana en una guerra en el sudeste Asiático estaba basada en la teoría postulada de que si los Estados Unidos dejaban caer a Vietnam del Sur en manos comunistas, otros países seguirían cayendo en cadena, como una fila de fichas de dominó. A ésta teoría se le llamo el "Efecto Dominó" y se convirtió en algo central en la política exterior de los Estados Unidos durante esa época.

Las fuerzas armadas de los Estados Unidos desempeñaron su papel admirablemente en una guerra cuyos objetivos militares fueron constantemente afectados por consideraciones políticas. Vietnam del Norte estaba abiertamente apoyando las guerrillas comunistas en el sur, pero la política de los Estados Unidos fue de no atacar directamente a Vietnam del Norte, solamente desde el aire. Eventualmente, y tras la pérdida de más de cincuenta mil vidas estadounidenses y cientos de miles vietnamitas, el presidente Richard Nixon comenzó el proceso de retirar las fuerzas americanas de Vietnam, dejando al gobierno sud vietnamita a pelear solo contra Vietnam del Norte y las guerrillas comunistas del Viet Cong. No duraron mucho, y Saigón cayó en menos de dos años después de la retirada militar de los Estados Unidos. Vietnam continúa siendo, políticamente, una nación comunista hasta hoy día, pero el desarrollo material que el capitalismo genera ha impulsado a su trabajadora gente y a convertido al país en una de las estrellas nacientes en Asia.

La guerra en Vietnam se convirtió en un catalizador para las protestas en contra del gobierno en los Estados Unidos. El Movimiento de Derechos Civiles, en el cual afroamericanos protestaban la discriminación y pedían igualdad, estaba sacudiendo al país al mismo tiempo. Había tensión y violencia en el Sur, y en los campus universitarios en todo el país, donde los jóvenes pusieron en tela de juicio la intervención en Vietnam, y donde la mayoría apoyaba la lucha de los afroamericanos.

La antes mencionada Acta de Derechos Civiles de 1964, y el Acta de Votantes de 1965, así como la creación de Medicare y Medicaid, programas de ayuda médica, fueron todas parte del programa que el presidente Johnson llamó *The Great Society* (La Gran Sociedad). Continuando las ideas de FDR de lo que debería ser el gobierno, Johnson trató de asegurar de que el gobierno federal jugara un papel más importante en la vida norteamericana, con el objetivo de tratar de disminuir la inequidad. El programa doméstico de Johnson fue eclipsado por la guerra de Vietnam, la cual dividió al país entre aquellos que apoyaban al presidente y aquellos que querían que los Estados Unidos salieran de Vietnam. El efecto que la guerra tuvo en Johnson le impidió que buscara la reelección en 1968, dejando el campo libre para otros candidatos. El asesinato de Robert Kennedy, quien se había postulado como candidato a la nominación demócrata, y el de Martin Luther King, lanzó al país a un caos político. Con la promesa de acabar con la guerra en Vietnam, Richard Nixon retornó a la política de manera estelar y ganó la elección presidencial de 1968.

El primer término presidencial de Nixon fue dominado por la crisis financiera en el frente doméstico, y por su intento de sacar a los Estados Unidos de Vietnam. Esto lo logró de manera paulatina. Una consecuencia directa de esta guerra fue la abolición de la conscripción y el establecimiento de unas fuerzas armadas de carácter completamente voluntario. Desde ése entonces, en lugar de tener conscripción, los Estados Unidos cuentan en poder mantener sus fuerzas armadas basados solamente en gente que quiera servir a su país voluntariamente. Sin embargo, es muy importante saber que todo hombre debe registrarse con el Servicio Selectivo al cumplir los 18 años, o a más tardar antes de cumplir los 26 años. De este modo las fuerzas armadas mantienen una cuenta precisa del número de hombres en edad militar con los cuáles se pudiera contar en caso de emergencia. Además de la guerra, el país estaba enfrentando otros problemas serios. La inflación era uno de ellos, y el país estaba muy dividido políticamente. A pesar de estas ventajas, los Demócratas no pudieron montar una campaña presidencial efectiva en 1972 y el presidente Nixon ganó la reelección.

La Crisis de Petróleo de 1973, Watergate, y la administración Carter

El sentimiento político y la opinión del público sobre eventos de la vida diaria estaban siendo influenciados cada vez más por los medios de comunicación. Las canciones populares, a través de la música de rock n' roll, se convirtieron en medios de protesta y expresión. Los noticieros televisivos traían a los hogares norteamericanos las protestas diarias en el Sur así como las escenas de combate y muerte en Vietnam. Esto facilitó una mayor participación popular en la política, y llevó al rechazo de las fuerzas políticas establecidas, las cuáles eran vistas por muchos como obsoletas, cínicas y sin poder entender la situación del día. La presidencia de Johnson fue destruida por Vietnam, y la de Nixon por el escándalo de Watergate. Este fue un escándalo en el cual empleados de la Casa Blanca que estaban trabajando en la campaña de reelección de Nixon de 1974 fueron sorprendidos y arrestados mientras espiaban ilícitamente a las oficinas del Comité Demócrata Nacional en el edificio Watergate en Washington, D. C. El escándalo hizo que Nixon tuviera que renunciar a la presidencia bajo pena de desafuero y juicio criminal, y permitir que el vice-presidente Gerald Ford tomara las riendas de la presidencia.

Otro evento que tuvo un similar impacto negativo al de Watergate y Vietnam fue la crisis de petróleo que tuvo lugar en 1973. Los países exportadores de petróleo habían formado una organización (OPEC por sus siglas en inglés) en 1972 con el fin de ganar poder de mercado sobre los países consumidores. En típico comportamiento de cartel irresponsable OPEC hizo uso de su poder para cortar el flujo de petróleo a los Estados Unidos y a sus aliados occidentales como protesta por su apoyo a Israel durante la guerra Arabe-Israelí de 1973. El *shock* a la oferta se añadió al efecto de la inflación que el sobrecalentamiento económico de la guerra de Vietnam había causado y el pueblo estadounidense sufrió el impacto de un creciente costo de vida.

Adicionalmente a este problema inflacionario la industria de manufactura empezaba a sentir la presión competitiva causada por la mano de obra barata existente en otros países, y el desempleo empezaba a incrementarse. El presidente Jimmy Carter tomó el poder en 1976 en medio de un sentimiento generalizado de desilusión. Los asesinatos políticos, Vietnam y Watergate habían afectado a los estadounidenses, haciendo que muchos no confiaran en el gobierno y tuvieran dudas sobre la capacidad del país de ofrecer un futuro prometedor a sus ciudadanos. Carter se dedicó a restaurar el respeto al gobierno y a buscar la forma en que el país se enfrentara a los problemas estructurales económicos que sufría. Una de las iniciativas más loables de Carter fue su intento visionario de romper la dependencia de los Estados Unidos a las importaciones de petróleo a través de la conservación de la energía y el uso de tecnologías alternativas, las cuáles desafortunadamente todavía eran primitivas y costosas en esos años.

El mayor logro de Carter en materia de política exterior fue su papel clave en las negociaciones de Camp David que llevaron a un acuerdo de paz entre Israel y Egipto. Esto tuvo un gran impacto a futuro ya que el tratado fue usado como punto de partida para otros tratados de paz en la región, años después. Pero su presidencia también fue marcada por la invasión soviética de Afganistán, que reanudó la Guerra Fría, y por la crisis en la embajada de los Estados Unidos en Teherán, Irán, donde un grupo de estudiantes tomó como rehenes a los empleados de la embajada durante la Revolución Iraní que derrocó al Shah de Irán, un aliado de Estados Unidos. Su cautiverio duró 444 días. Esta crisis, la cual Carter no pudo resolver, ocurrió después de que el país había sufrido alta inflación, un segundo shock de precios de petróleo, y una elevada tasa de desempleo. Todo se combinó y tuvo como resultado que el público no lo apoyara en su intento de reelección. Esta falta de apoyo lo llevó a una derrota contundente a manos de Ronald Reagan, el candidato presidencial republicano.

Los Años de Reagan y el fin de la Guerra Fría

En contraste con Carter, Reagan, un ex actor de Hollywood con una fuerte filosofía conservadora, si logró captar el sentimiento nacional y como respuesta comunicó con gran habilidad su optimismo sobre el futuro de los Estados Unidos. Con su famosa declaración de "Los mejores días de los Estados Unidos…están por venir" y basando su campaña en una plataforma que ponía énfasis en la responsabilidad individual, menos gobierno, y un fuerte anti-comunismo, Reagan ganó la elección presidencial de 1980 fácilmente.

Después de difíciles negociaciones, Reagan logró que el Congreso aprobara su legislación de reducción de impuestos. Simultáneamente, el nuevo presidente lanzó un programa de rearmamento que costó cientos de miles de millones de dólares, pero que permitió modernizar las fuerzas armadas y tener una capacidad nuclear y convencional para enfrentar a los soviéticos más efectivamente. El Secretario de la Reserva Federal nombrado por Reagan, Paul Volcker, rápidamente alzó las tasas de interés para quitarle fuerza a la inflación de doble dígito que estaba afectando al país cuando la nueva administración tomó poder y le puso un alto. Los presupuestos de Reagan crearon grandes déficits, pero las tasas de inflación más bajas crearon un nuevo sentimiento de optimismo entre los líderes de negocios e inversionistas en general, lo cual ayudó a revivir la economía. Después de una caída inicial en crecimiento económico durante la cual el desempleo y descontento popular se incrementaron, la economía se levantó, permitiendo que Reagan ganara la reelección fácilmente en 1984.

El segundo término presidencial de Reagan fue afectado por el escándalo que se desató cuando se supo que miembros de la administración estaban inmiscuidos en tratos con el régimen Iraní. Sin embargo, el daño causado por las investigaciones iniciadas por el Congreso a causa de los hechos no impidió que Reagan continuara su misión de cambiar las fortunas del país. La segunda mitad de la década se vio marcada por fuerte crecimiento. A pesar de que el mercado de valores de Nueva York sufrió una caída muy grande en 1987, causando preocupación sobre los efectos a largo plazo, el país prontamente se recuperó sin que hubiera grandes daños a la economía.

Los soviéticos tenían sus propios problemas económicos. El planeamiento central que habían seguido por décadas había creado una economía ineficiente que vino a estar bajo presión aún más grande cuando trataron de enfrentar el rearmamento de los Estados Unidos con su propio incremento de presupuesto militar. Después de tener dos líderes ancianos en un periodo de cuatro años, los dirigentes de la Unión Soviética eligieron a un hombre joven, Mikhail Sergeyevich Gorbachev, como líder del Politburó en Marzo de 1985. Gorbachev resultó ser mucho más pragmático de lo que muchos habían esperado y rápidamente se mostró dispuesto a detener la carrera armamentista que tanto dinero le estaba costando a su país, para así poder dedicarse a modernizar el sistema político comunista y la economía soviética. Sorpresivamente encontró a un compañero de negociaciones en Reagan, el viejo conservador quien había calificado a la Unión Soviética de ser "un Imperio del Mal" apenas unos años antes. Juntos se dedicaron a alcanzar una visión de un mundo con menos armas nucleares y entraron en negociaciones para hacerlo realidad. Reagan, el anticomunista de por vida, mostrando un pragmatismo ideológico del cuál podríamos aprender hoy en día, pudo trabajar con el último porta estandarte del comunismo soviético, resultando en la eventual desaparición de esa doctrina como amenaza a la paz mundial.

George H. W. Bush y el colapso del comunismo en Europa

El vice-presidente de Reagan, George H. W. Bush, ganó la elección presidencial con la promesa de "No a nuevos impuestos", y fue inaugurado en Enero de 1989. Domésticamente, Bush mantuvo las políticas pro-sector privado de su predecesor, y encontró formas de hacerle frente de una manera responsable a los déficits presupuestales que habían resultado de las difíciles decisiones hechas durante la década. La experiencia de Bush en política exterior fue crucial en su análisis de la situación mundial. Bush creía que la democracia estaba en repunte en todo el mundo, y se dedicó a trabajar con otros países en problemas comunes tales como el acuerdo de Montreal que regularía las substancias químicos que destruyen el ozono troposférico. Muy importantemente, Bush ofreció continuidad en las negociaciones que había Reagan comenzado con los soviéticos para reducir el número de armas nucleares.

Estas negociaciones eventualmente resultaron en tratados verificables que permitieron a ambos países desmantelar gradualmente sus arsenales nucleares, en un proceso que continúa hasta hoy día. Esto ha sido un éxito total, creando la necesaria atmósfera de confianza para que ambos países reduzcan el número de cabezas nucleares a niveles mucho más bajos.

Mucha de la atención de Bush durante su primer año fue dedicada a asuntos fuera de los Estados Unidos. Los intentos de Gorbachev de modernizar la economía soviética no tuvieron éxito, pero el hombre se ganó un lugar en la historia al permitir que las naciones de Europa central y oriental escaparan de la esfera soviética cuando sus ciudadanos abiertamente se rebelaron contra el control comunista durante 1989. Una serie de movimientos populares causó la caída de regímenes títeres de los soviéticos en esos países en muy poco tiempo. El caso de Alemania fue el más dramático de estos ejemplos. Ahí, el Muro de Berlín, cuya destrucción Reagan había pedido a Gorbachev años antes, fue destruido en varias partes por ciudadanos de Alemania Oriental la noche del 9 de Noviembre de 1989.

A pesar de las súplicas de apoyo provenientes de los líderes de Alemania Oriental, los soviéticos decidieron mantenerse al margen y no aplastar los levantamientos como lo habían hecho en Hungría en 1956 y en Checoslovaquia en 1968. Los ciudadanos de la comunista Alemania Oriental finalmente pudieron cruzar la frontera al occidente, y decenas de miles lo hicieron en unas cuantas horas. Con movimientos populares similares teniendo lugar en todos los países de Europa Central bajo control soviético, el intento comunista de la posguerra de subyugar a tantos pueblos acabó en fracaso. Después de cuarenta y cinco años la Guerra Fría había llegado a su fin, y el occidente, bajo el liderazgo de los Estados Unidos, la había ganado. Para aquellos de nosotros que crecimos con la amenaza de la guerra nuclear entre las superpotencias, y con las imágenes de los ejércitos comunistas tratando de exportar su revolución y miseria alrededor del mundo bajo una falsa promesa de liberación, éste fue un gran momento.

La Guerra del Golfo de 1991

La caída del Muro de Berlín prometió iniciar una era en la que las democracias florecerían y el mercado libre reinaría en todo el mundo. Pero no pasó mucho tiempo antes de que el presidente Bush tuviera que cambiar su atención hacia hechos sucediendo en otra parte del mundo. Esto ocurrió en Agosto de 1990, cuando Saddam Hussein, el dictador iraquí quien ya había causado mucho sufrimiento al invadir a Irán años antes, invadió a Kuwait, su pequeño vecino, y amenazó con hacer lo mismo a los yacimientos petroleros de Arabia Saudita, tan vitales para la economía mundial.

Margaret Thatcher, la Primer Ministra británica en ése momento, y una sólida aliada de los Estados Unidos, inmediatamente prometió su apoyo en resistir ésta invasión. Con este apoyo desde el comienzo, Bush utilizó toda su experiencia en relaciones internacionales para crear una coalición de países, incluyendo a países árabes, que pudieran obtener un mandato de las Naciones Unidas para sacar a Iraq de Kuwait, con el uso de fuerza militar si fuera necesario.

Hussein no se retiró, y la coalición creada bajo la bandera de la ONU atacó en Enero de 1991. La guerra, que resultó en la destrucción de las fuerzas de ocupación iraquís en Kuwait, fue un completo éxito para la coalición, y una muestra al mundo del efecto que el programa de rearmamento de los años Reagan había tenido en las fuerzas armadas de los Estados Unidos. Las operaciones militares se detuvieron después de 100 horas, una vez que el objetivo de liberar a Kuwait fue alcanzado. Sin embargo, el impacto económico de los altos precios de petróleo causado por un conflicto tan cercano a los campos de producción petrolera más grandes del mundo le costó a Bush en términos de apoyo popular. El presidente Bush perdió su intento de reelección en 1992, saliendo victorioso William J. Clinton, el joven gobernador de Arkansas quien era candidato de los Demócratas. Clinton hizo su campaña bajo la bandera de ser un "Nuevo Demócrata", moviendo a su partido al centro político, quitando algunas de sus elementos anti-sector privado y algunas de sus tendencias a buscar soluciones con más gobierno, las cuales lo estaban convirtiendo en un partido no viable en muchas partes del país. Para contrarrestar la popularidad de Bush como presidente de tiempo de guerra, Clinton enfatizó un mensaje económico que realzó el pobre estado de la economía. Es importante hacer notar que H. Ross Perot, un billonario Tejano quien decidió competir por la presidencia en esta elección, gano el 19% del voto popular al capturar la imaginación de muchos que estaban descontentos con la dirección en la que el país se dirigía. Perot logró ensamblar una coalición de gente opuesta a los tratados de libre comercio por su efecto sobre los empleos en los Estados Unidos, junto con otras gentes que estaban opuestas a la estrecha relación entre las grandes corporaciones y el gobierno, y todos aquellos que se oponían a la tradicional visión de los Demócratas tradicionales que veían a un gobierno más poderoso como la solución a todos los problemas del país.

La administración de Bill Clinton

El primer término del presidente Clinton fue marcado por conflicto político con el Congreso de los Estados Unidos, que estaba dominado por el partido Republicano. El movimiento conservador, que se había convertido en una importante fuente de poder dentro del partido durante los años Reagan, se oponía firmemente a las ideas que Clinton tenía sobre la reforma para la industria de la salud, así como a muchas ideas en cuestiones sociales. Los temas sociales se habían convertido en algo muy importante en la arena política durante la década previa, y las guerras culturales entre conservadores y liberales, un conflicto existente desde la década de los sesentas, dominó gran parte de la política nacional durante la presidencia de Clinton.

El periodo de la administración Clinton queda precisamente en la singular década en la cual los Estados Unidos eran la indisputada superpotencia del mundo. Los rusos estaban en la quiebra, y tratando de convertirse en una democracia capitalista con una prensa libre y un gobierno verdaderamente representativo bajo su presidente, Boris Yeltsin. Pero en realidad la corrupción y la lucha por los mejores despojos del sector productivo, puestos al mejor postor en estos años, los mantenía ocupados. En lugar del familiar conflicto entre Este y Oeste, lleno de expectativas bien claras y generalmente sin sorpresas entre los oponentes, los Estados Unidos tuvieron que crear nuevas políticas para poder encargarse de los conflictos locales que surgieron en países en desarrollo, tal como las guerras en lo que había sido Yugoslavia.

Los retos en el ámbito internacional durante la presidencia Clinton se iniciaron con un fallido intento de pacificar Somalia, en África Oriental. Este fue un esfuerzo que costó vidas norteamericanas a cambio de casi nada ganado, debido a la completa desintegración social existente en ese país. Esta experiencia, a hora temprana en su presidencia, influenció la forma en que Clinton vio oportunidades de intervención en el extranjero de ahí en adelante. Tuvo una influencia clara cuando se rehusó a intervenir en Ruanda en 1994, y también en la forma en que trató las guerras de los Balcanes. Cuando Clinton finalmente decidió intervenir en los Balcanes bajo un mandato de la ONU, el intento serbio de dominar el área se vino abajo. En un caso de clásica diplomacia, el enviado de Clinton a los Balcanes, el recientemente fallecido Richard Holbrooke, logró que los combatientes llegaran a un acuerdo y se detuviera la guerra. Otro de los mayores logros de política exterior para Clinton fue el Acuerdo del Viernes Santo ("Good Friday Agreement") que puso fin a la guerra sectaria entre protestantes y católicos en Irlanda del Norte.

La economía mundial creció a un buen ritmo durante la primera mitad de la década de los noventa, con un creciente número de países abriendo sus economías y con flujos de capital más libres alrededor del mundo. Pero la primera prueba al nuevo orden capitalista tuvo lugar cuando México se vio en la situación de no poder pagar su deuda debido a una devaluación de su moneda causada por incertidumbre política en Diciembre de 1994. El equipo financiero de Clinton acordó establecer una línea de crédito de emergencia a México, y éste apoyo calmó a los mercados financieros. Esta intervención resultó efectiva, y México pagó la deuda adquirida en unos cuantos años, más pronto que el acuerdo estipulaba. Esto fortaleció una relación financiera entre los gobiernos de ambos países que continúa hasta hoy día. Una mayor crisis tuvo lugar en 1997 cuando Tailandia, Indonesia, Rusia, Malasia, Corea del Sur y Taiwán sufrieron devaluaciones a causa del flujo de capital especulativo. El precio pagado por las economías asiáticas fue enorme, en unos casos costando años de progreso previamente logrado. Esta fue una lección sobre los peligros que el nuevo mundo, con rápido flujo de capital de inversión había creado para las economías de países en desarrollo.

Sin embargo el impacto de la crisis sobre la economía de Estados Unidos fue limitado. El fuerte crecimiento económico causado por avances tecnológicos continuó, y aún tomó más fuerza en la segunda mitad de la década gracias a que la eficiencia productiva continuó incrementándose. Otros factores positivos fueron que los componentes para manufactura se hicieron más baratos, y la inflación se mantuvo baja, afectada positivamente por los precios tan bajos del petróleo en ese entonces y por un mayor flujo de bienes baratos de importación.

Después de haber recibido una derrota al principio de su presidencia a causa de su intento de modificar el sistema de salud del país, el presidente Clinton reencontró el éxito político al mostrarse dispuesto a pelear contra el ala izquierda de su partido cuando fuera necesario para poder llegar a acuerdos con la oposición. Este fue el caso del *Acta de Responsabilidad Personal y la Oportunidad de Trabajo*, comúnmente conocida como el *Welfare Reform Act of 1996*

(Acta de Reforma de los Beneficios Gubernamentales de 1996). Esta ley estipuló que los beneficios de desempleo federales serían eliminados después de un periodo, y creó programas de recapacitación para ayudar a los desempleados a encontrar un nuevo empleo. A pesar de las críticas contra estas medidas, y en contra de aquellos que decían que resultarían en familias muriendo de hambre en las calles, la ley entró en vigor, y ninguno de los escenarios de desastre que habían sido pronosticados resultó ser cierto. Al contrario, esta ley llevó a una gran reducción en el número de gente recibiendo ayuda del gobierno, y se convirtió en uno de los más grandes triunfos domésticos del presidente Clinton.

Clinton recibió un empuje gracias a los acuerdos bipartidistas de balanceo de presupuesto que habían acordado George H. W. Bush y el Congreso dominado por los Demócratas, los cuales le habían costado tanto con su base política a Bush. Pero también es justo decir que Clinton y su equipo hicieron las cosas bien. Gracias al fuerte crecimiento económico, a estrictas leyes de gasto público reforzadas a través de otro acuerdo bipartidista durante su mandato, a una creciente productividad nacional fruto de la innovación tecnológica, y al manejo efectivo de las finanzas federales, el equipo económico del presidente logró llegar a reducir los déficits fiscales cada año. Esto llevó al país a sucesivos presupuestos federales balanceados hacia el fin de la década.

La efectividad de Clinton como presidente fue afectada por sus problemas personales, los cuales desataron eventos que llevaron a sus oponentes políticos a un intento de desafuero y juicio. Este esfuerzo nunca tuvo éxito, pero sí resultó en un segundo mandato presidencial menos efectivo de lo que podría haber sido, lo que afectó al país tanto interna como internacionalmente.

Si uno ignora las guerras culturales, el país llegó al nuevo milenio, y a la nueva elección presidencial, con una actitud optimista. El crecimiento económico continuaba, con incrementos de ingreso en todos los niveles de la sociedad. El desempleo estaba en la tasa más baja en décadas, y la Reserva Federal, el banco central de los Estados Unidos, bajo el mando de Alan Greenspan, continuaba logrando mantener un balance entre baja inflación y alto crecimiento de manera consistente. Parecía que se había encontrado una nueva forma de crecer constantemente y crear prosperidad.

George W. Bush, el gobernador de Texas, e hijo del previo presidente del mismo nombre, ganó la nominación presidencial republicana en 2000 y se enfrentó al vicepresidente existente, Al Gore. Gore no supo aprovechar la ventaja que los años de prosperidad bajo Clinton le daban, y esto le resultó en una campaña mucho más difícil de lo que muchos habían vaticinado. La elección fue un enfrentamiento fuerte que una vez más realzó las profundas divisiones en materia social y política que el país sufría. La noche de la elección llevó al proceso político del país a un paro total, ya que irregularidades de votos en Florida tuvieron como resultado que el ganador del voto de ese estado no fuera anunciado por muchas horas. Esto hizo que la elección entera quedara indecisa, ya que los votos del Colegio Electoral de Florida decidirían el ganador. Bush fue declarado el ganador al día siguiente, y esto le dio la mayoría que necesitaba en el Colegio Electoral para ser presidente. Gore lanzó un reto legal a la validez de los resultados, llevando la disputa a la Suprema Corte, cuyos jueces fallaron unos días más tarde a favor de Bush. Después de esta decisión, Gore dignamente retiró su protesta, y el nuevo presidente Bush pudo volcar su atención a gobernar a un país políticamente muy dividido.

Los Estados Unidos en el siglo 21: La presidencia de George W. Bush

El presidente Bush estaba decidido a enfocarse en los asuntos nacionales que el público le había mencionado durante la campaña y en los que él con su experiencia previa había identificado como algo importante. Su experiencia como gobernador de Texas le permitía entender la dinámica entre México y los estados fronterizos y esto lo llevó a intentar cambiar la relación entre ambos países. En esta labor encontró un compañero en Vicente Fox, el ex hombre de negocios que era el presidente de México después de haber ganado la elección presidencial al partido PRI ése mismo año, rompiendo siete décadas de gobierno unipartidista. Conversaciones iniciales entre ambos países se enfocaron sobre asuntos de comercio, seguridad e inmigración. Bush también vio una ventaja doméstica en esta apertura, ya que el hacerla le ayudaría a atraer a votantes de origen hispano, con sus actitudes sociales conservadoras, hacia el Partido Republicano donde el vislumbraba un mejor acoplamiento que el que tenían del lado Demócrata. Bush sabía que si lo lograba incrementaría las oportunidades electorales del Partido Republicano en el futuro.

En el ámbito nacional, el presidente Bush llegó con la intención de reformar el sistema de pensiones del estado, el *Social Security* antes mencionado. Junto con su equipo económico se dedicó a propagar el mensaje al público de que con la generación del *Baby Boom* acercándose a sus años de retiro, las tendencias demográficas convertirían al sistema de pensiones en algo no viable a largo plazo al ir disminuyendo el número de trabajadores activos que pagaban por el número de personas en retiro. Su administración estaba interesada en una reforma que disminuyera la carga que el programa impondrá sobre el estado en décadas futuras, y que incrementará la responsabilidad personal. De forma similar, con un ojo en el futuro, la educación se convirtió en otro punto principal de sus esfuerzos. Bush tenía a mano la experiencia educacional de la Primera Dama (y ex maestra) Laura Bush, para incrementar su conocimiento de los retos en el sector. En un gran esfuerzo que mostró su interés en este asunto, Bush trabajó arduamente con el Senador Edward Kennedy para lograr el paso por el Congreso de los Estados Unidos de una legislación con apoyo de ambos partidos cuyo objetivo era asegurarse que existiera un buen nivel de educación en todo el país. Esta ley, que se llamo *"No Child Left Behind Act"* ("Acta Ningún Niño se Queda Atrás") fue aprobada por el Congreso y se convirtió en uno de sus logros domésticos importantes.

A pesar de que la economía estaba sufriendo una recesión después de que el mercado especulativo en valores

123

bursátiles de compañías de tecnología se vino abajo en el periodo 2000-2001, el panorama político parecía ofrecer muchas oportunidades de trabajo entre Ejecutivo y Congreso para alcanzar otros logros. Sin embargo, todas estas ideas perdieron importancia la mañana del 11 de Septiembre del 2001.

9/11

Las agencias de inteligencia de la administración Clinton habían estado conscientes de la existencia de Al-Qaeda, la red terrorista de Osama Bin Laden, por muchos años. Las embajadas de los Estados Unidos en Kenia y Tanzania, el ataque a la fragata *USS Cole* cerca de la costa de Yemen, y el fallido intento de ataque al World Trade Center, todos ellos durante la década de los noventa, tenían una conexión en común cómo ataques del grupo de este adinerado hombre de origen saudita quien había peleado contra los soviéticos en Afganistán en los ochentas.

El colapso del gobierno afgano en 1991 marcó el comienzo de una guerra civil que solamente terminó cuando un grupo islámico fundamentalista llamado "El Talibán" llegó al poder y se deshizo de la oposición sin misericordia. Con una visión de la ley islámica muy conservadora, y con una filosofía opuesta a la forma de vida occidental, este grupo pronto convirtió a Afganistán en una guarida para todo grupo fundamentalista que estuviera levantado en armas contra el occidente. Aquí es donde Bin Laden vino a dar después de ser expulsado de Sudan unos años antes. La administración Clinton había lanzado misiles contra los campos de entrenamiento de Bin Laden como respuesta a sus ataques contra las embajadas en Kenia y Tanzania en 1998, pero no había llegado más allá de eso, lo cual permitió que Bin Laden y su gente continuaran con libertad de acción, protegidos por el régimen Talibán.

La administración Bush, que acababa de llegar al poder, estaba consciente del peligro que este grupo significaba para los Estados Unidos, y trató de mantener vigilancia sobre los que se creía tenían vínculos a Al Qaeda. Sin embargo, las agencias de seguridad nacional no estaban realmente preparadas para lo que pasó apenas unos meses después de la inauguración de Bush. Sin que las autoridades lo supieran, Al-Qaeda ya había infiltrado a veinte hombres a los Estados Unidos, había financiado su entrenamiento como pilotos de avión y había planeado un ataque para destruir el World Trade Center en Nueva York, el Pentágono, y otro objetivo en Washington. D. C. estrellando aviones de pasajeros contra ellos.

Al Qaeda llevó a cabo su plan el día 11 de Septiembre del 2001. Resultó tal como lo habían planeado en tres casos, con aviones estrellándose contra ambas torres en el World Trade Center, inclusive logrando derribarlas, y también contra el Pentágono en Washington. El cuarto avión, que se cree tenía la Casa Blanca o el Capitolio como objetivo, nunca llegó a Washington D. C. gracias a la heroica intervención de los pasajeros, quienes murieron al estrellarse el avión en un campo de Pennsylvania mientras luchaban contra los terroristas por tomar el control. El ataque, que costó casi tres mil vidas y fue el más sangriento en suelo de los Estados Unidos desde Pearl Harbor, sorprendió a la nación y al mundo. También resultó ser una súbita llamada de atención para el público norteamericano al mostrarle los peligros de un mundo en el cual el viejo enemigo soviético ya no existía, y en el cual unos cuantos hombres, armados con odio, con ingenio y con buen financiamiento podían enfrentarse a la superpotencia en su propia tierra. Muchos de los miembros de cuerpos de emergencia en Nueva York, de los bomberos y de la policía, pagaron su devoción a su labor con su vida, pero su heroísmo y pronta acción salvo muchas vidas y evitó un saldo mucho más elevado.

La vulnerabilidad que el ataque realzó, y la forma en que influenció la relación del país con el resto del mundo, hacen de este ataque uno de los eventos más importantes en la historia de los Estados Unidos. Sus consecuencias han sido muchas, con gran alcance, y es muy probable que sus efectos políticos y económicos se sigan sintiendo por muchos años a futuro

Las guerras en Afganistán e Iraq

Con la certeza en pocas horas de que Bin Laden estaba tras el ataque, y sabiendo que el terrorista y su grupo de fanáticos estaban escondidos en alguna parte de Afganistán, los Estados Unidos lanzaron una campaña militar en ese país en menos de un mes después de ser atacados. El régimen Talibán fue atacado por múltiples grupos afganos financiados por los Estados Unidos. Estos ataques fueron coordinados y auxiliados por fuerzas especiales de los Estados Unidos, el Reino Unido y Australia, y aumentados en efectividad con las fuerzas aéreas combinadas de los tres países, y más tarde las de otros aliados.

El régimen Talibán se colapsó en poco tiempo, dejando un vacío que varios grupos trataron de llenar. Unas semanas más tarde, Bin Laden apenas logró escapar de los ataques de fuerzas especiales contra sus guaridas en las cavernas del área montañosa de Tora Bora, cerca de la frontera afgano-pakistaní, encontrando refugió en las áreas sin ley del noroeste pakistaní. Esto marcó el principio de una cacería humana que duro casi diez años y no culminó hasta el 2 de Mayo de 2011, día en el que Bin Laden fue finalmente localizado en Pakistán y eliminado por un comando de *Navy SEALS*.

El 9/11 convirtió a la presidencia de Bush en una presidencia de guerra, en lugar de una enfocada en asuntos nacionales. La respuesta militar, y las deficiencias en seguridad nacional que fueron realzadas por el ataque, forzaron un incremento al presupuesto de defensa, que ha sido mucho más grande desde entonces. La administración Bush consideró que la nueva amenaza justificaba incrementar su vigilancia de la población del país, y a ejercer un mayor escrutinio del tráfico aéreo. La posibilidad de ataques similares, o de otros usando armas de destrucción masiva ha traído como resultado que la comunidad de inteligencia de los Estados Unidos esté constantemente tratando de evitar ataques al mantenerse un paso delante de los terroristas. Este trabajo fue facilitado por la ley llamada *USA Patriot Act*, que el Congreso aprobó en Octubre del 2001. Las acciones de contraterrorismo que se han llevado a cabo desde entonces han creado una constante lucha para encontrar un equilibrio entre el respeto a la privacidad de los ciudadanos del país, y la necesidad que tiene el gobierno de poder seguir el desarrollo de eventos en tierra norteamericana en tiempo real, o cuanto más pronto sea posible, para evitar sorpresas. El ataque de 9/11 también llevó a la creación de lo que se vino a llamar "La Doctrina Bush" que justificó ataques preventivos contra cualquier país que pudiera presentar un peligro a los Estados Unidos.

Guantánamo Bay, una base militar estadounidense en Cuba, fue escogida como el sitio para construir una prisión en donde tener a los combatientes enemigos capturados en la campaña de Afganistán. La prisión ha causado tremenda oposición internacional, debido a alegaciones de abuso sistemático de prisioneros y a su naturaleza extraterritorial. A pesar de esto, la prisión continúa activa hoy en día, ya que se ha visto claramente que muchos estados de la Unión no quieren tener a los prisioneros encarcelados ahí, y que muchos de los prisioneros siguen presentando amenaza de seguridad a los Estados Unidos. El hecho constatado de que algunos de los prisioneros que han sido liberados y entregados a sus gobiernos nacionales han vuelto a tomar las armas contra los Estados Unidos y sus aliados a la primera oportunidad muestra la necesidad de que siga existiendo un programa de encarcelamiento. Hasta el momento de escribir éstas líneas la administración Obama ha mantenido la cárcel en operación.

La amenaza fundamentalista se convirtió en la preocupación número uno de la administración Bush. En Iraq, Saddam Hussein todavía seguía en el poder. Los neo conservadores dentro de la administración, cabeceados por el vicepresidente Dick Cheney y el Secretario de Defensa Donald Rumsfeld, apoyaban su derrocamiento y el establecimiento de una democracia pro-Estados Unidos en el Medio Oriente que serviría como ejemplo a otros países de la región. Esto era una evaluación simplista de una cultura de la cual poco sabían, y una ignorancia voluntaria de las condiciones que una sociedad debe tener para que la democracia pueda florecer en realidad. Sin embargo, los que apoyaban una invasión ganaron el argumento contra los que urgían cautela, como el Secretario de Estado Colin Powell.

Basado en la inteligencia disponible en ese momento, la cual eventualmente resultó estar totalmente equivocada, el presidente Bush estaba preocupado de que Saddam Hussein había continuado en secreto su programa de armas de destrucción masiva (WMD, por sus siglas en inglés) y quería evitar tener que enfrentarse a un Iraq nuclear. Después de tratar de ganar apoyo en la ONU sin ningún éxito, los Estados Unidos y el Reino Unido, cuyo Primer Ministro, Tony Blair, compartía la misma preocupación con Bush, lanzaron un ataque contra Iraq. La estrategia de fuerzas ligeras y móviles que tan bien había funcionado en Afganistán fue aplicada en Iraq también, con éxito similar. Las tropas norteamericanas entraron a Bagdad apenas tres semanas después de iniciado el ataque, y Saddam desapareció, huyendo de las tropas que venían por él.

La ausencia de toda arma de destrucción masiva en Iraq, que fue la conclusión alcanzada después de una búsqueda a fondo por parte de los inspectores de Estados Unidos y de otros países, resultó en un serio golpe a la credibilidad de los Estados Unidos en la escena mundial porque las WMD había sido usadas como la principal razón para justificar la guerra. A pesar de que Saddam fue capturado eventualmente, y un gobierno interino fue establecido hasta que pudiera haber elecciones, la falta de planeamiento para el manejo del país en la posguerra, algo sobre lo cual ciertos miembros de la administración Bush habían advertido, se convirtió en algo que causó graves problemas a los Estados Unidos. Una vez que las fuerzas de represión desaparecieron, las tensiones sectarias existentes se convirtieron en abierta guerra civil entre sunís, chiitas, y kurdos. Terroristas fundamentalistas extranjeros se infiltraron al país para causar caos, y lo que muchos habían pensado sería una tranquila ocupación de posguerra rápidamente se transformó en un trabajo muy difícil para las fuerzas de ocupación. Los ataques contra las tropas de la coalición y contra los civiles se convirtieron en algo diario. Sin embargo, el completo desdén que los terroristas tenían por la vida humana, incluyendo la de sus correligionarios musulmanes, se hizo claro a muchos en Iraq prontamente. Como resultado de esto, el movimiento de *The Awakening* (El Despertar) de los sunís los movilizó para aliarse con las fuerzas extranjeras en una lucha común contra los terroristas. Esta realineación, junto con el aumento de fuerzas que tanto le había costado ganar a Bush, el cual surtió efecto al mismo tiempo, cambió el curso de la guerra de guerrillas. *The Surge* (La Oleada) como se le llamó al aumento de tropas hábilmente llevado a cabo por el general David Petraeus, fue un éxito y la situación en Iraq se calmó gradualmente en 2008. Contra muchos pronósticos, los iraquís continúan su labor de construir una verdadera democracia en su país, escogiendo candidatos y llevando a cabo elecciones a pesar de las divisiones sectarias y la falta de una tradición política en el país que estuvo mucho tiempo bajo una dictadura. Iraq continúa hoy día como un proyecto siendo forjado por su propia gente, y aún vulnerable a las divisiones sectarias y a la interferencia de extremistas. El continuar ayudando al país a establecer una democracia en la cual los ciudadanos de todos los orígenes y religión vivan bajo la ley y compartan la riqueza del país es un compromiso que tenemos con todos los que sacrificaron sus vidas durante estos últimos años.

Retos recientes en la política exterior

Los Estados Unidos han tenido mucho éxito en prevenir otro ataque a gran escala y en deshacer las redes terroristas. Pero los esfuerzos antiterroristas en los cuales el país se ha tenido que concentrar desde 2001 y los conflictos en Iraq y Afganistán han causado que otros hechos ocurridos alrededor del mundo durante ese periodo no hayan recibido la atención debida del gobierno, a pesar de que algunos puedan llegar a tener un impacto similar o mayor sobre las vidas del pueblo estadounidense a largo plazo.

La necesidad de enfocar recursos para luchar la *"War on Terror"* (Guerra contra el Terror), como se le llamó a la lucha global contra las redes terroristas, mantuvo a los Estados Unidos con menos foco sobre Irán y Corea del Norte, así como sobre otros asuntos geopolíticos como el crecimiento de China, y el resurgimiento de Rusia. Irán y Corea, que junto con Iraq formaron parte del "Eje del Mal" del presidente Bush, tienen una larga historia de tratar de desarrollar una capacidad nuclear propia, contra los deseos de la comunidad internacional. Los norcoreanos ya lo lograron, y se han envalentonado como resultado. Sus ataques a Corea del Sur en Noviembre de 2010 son prueba de esta actitud más agresiva. El gobierno iraní, viendo la dificultad que tienen los Estados Unidos con Corea del Norte ahora que están armados nuclearmente, continúan haciendo caso omiso a los esfuerzos de la comunidad internacional de establecer un verdadero dialogo, prefiriendo acelerar su programa nuclear.

Otros eventos

Lejos de la arena política, la primera década del siglo 21 fue marcada por el creciente impacto de las comunicaciones y de la tecnología informática sobre la sociedad de los Estados Unidos. También fue una década en la cual se incrementó la conciencia entre el público norteamericano de la interdependencia que existe ahora entre los Estados Unidos y el resto de las naciones del mundo. Este proceso ha continuado sin detenerse y se ha acelerado. El mayor acceso a la información a través del internet ha creado un ambiente en el cual cualquier persona puede aprender sobre muchas cosas y participar en las causas que le interesen, incluyendo las causas políticas. Esto ha llevado a un debate sobre todo tema en el cuál todo mundo puede tener su voz propia, y a una sociedad donde el debate es constante.

Este incremento de la participación popular, hecho posible con el fácil intercambio de información, ha llegado a ser un gran factor para muchos gobiernos y para el sector privado y está teniendo un impacto nunca antes visto sobre eventos políticos alrededor del mundo. El ciudadano común está exigiendo un mundo en el que su voz sea escuchada. Tal deseo toma muchas avenidas de expresión en ámbitos políticos y sociales. Una de las más fuertes ha sido en el esfuerzo por establecer un nuevo paradigma en la relación del hombre y su medio ambiente. El movimiento ecológico que comenzó a principios de la década de los setentas ha ganado partidarios y se ha convertido en una fuerza política global en la última década. Justificando su decisión en costos económicos para el país, la administración Bush decidió no firmar el pacto global para limitar gases de efecto invernadero en el año 2000. Los Estados Unidos fueron justificadamente criticados por no tomar una posición de liderazgo como lo había hecho años antes durante las negociaciones para prohibir las substancias químicas que estaban creando un hoyo en la capa de ozono estratosférica, o en las que llevaron al acuerdo de Rio de Janeiro, también sobre gases de efecto invernadero, unos años después. Pero desafortunadamente la posición de los Estados Unidos de que un tratado no llevaría a una real reducción de gases si no incluía a las economías de países en desarrollo ha resultado correcta con el tiempo. Las economías del mundo en desarrollo han crecido a un ritmo muy rápido, creando prosperidad en muchos lugares, pero también incrementando la demanda de recursos y energía a un ritmo muy acelerado.

El producto de esto ha sido un gran incremento en la emisión de contaminantes y dióxido de carbono en esos países, y de problemas de salud. Este tema ha sido atacado a nivel nacional, pero estos esfuerzos están en sus tempranas etapas. La creciente industrialización de países en desarrollo confirma la naturaleza global del tema y la necesidad de que exista cooperación de los países más contaminantes para que exista una verdadera reducción de emisiones.

La escena política internacional también ha cambiado durante la década pasada. Rusia, entre las economías con crecimiento rápido debido a su abundancia en recursos naturales, ha vuelto a reafirmar sus intereses propios, forzando a los Estados Unidos y a la Unión Europea a tratarla con mucho más cuidado que durante la década que siguió al colapso de la Unión Soviética. Este fue el caso precisamente cuando Rusia invadió Georgia, una pequeña república vecina.

La Unión Europea continuó su expansión durante la década pasada, añadiendo miembros a su exitoso proyecto político y a su menos exitosa unión monetaria. Europa entera se volvió más prospera durante este periodo, con los miembros nuevos beneficiándose de proyectos de infraestructura y economías con altas tasas de crecimiento. Desafortunadamente mucho de este éxito fue construido sobre cimientos débiles, como no los ha demostrado la presente crisis monetaria europea. La situación actual, con los políticos europeos discutiendo y esperando que la situación no empeore, no es buena, y solo podemos esperar que los que tienen el poder lo ejerzan rápidamente para evitar el desastre que se avecina, y que el proceso no lleve a una ruptura total entre los pueblos gobernados y la burocracia central de la Unión Europea en Bruselas.

Pero es la emergencia de China en la escena global, y a menor grado la de India, Brasil y otros países en desarrollo como Mexico, Turquía y algunos en ciertas partes de Africa, lo que constituye el más importante evento geopolítico del nuevo siglo, con efecto a largo plazo sobre los Estados Unidos. Al sacar de la pobreza a cientos de millones de personas y añadirlos a una clase media global, este desarrollo ha comenzado a cambiar el orden político y económico mundial que ha existido desde el fin de la Segunda Guerra Mundial. La década después de la caída del Muro de Berlín dio a mucha gente alrededor del mundo, y especialmente en los países occidentales, la impresión de que el capitalismo, el sistema económico que seguimos en Estados Unidos, había triunfado y de que el mundo estaba en vías de volverse en una versión grande de los Estados Unidos. Sí, en ciertas formas el capitalismo ha ayudado a cientos de millones de gentes a salir de la pobreza, aunque sea imperfecto en algunos países. Pero la tradicional opinión occidental de que la democracia es un prerrequisito indispensable para tener un sistema capitalista con éxito ha sido puesta en tela de juicio gracias a la forma en que China se ha desarrollado en las últimas tres décadas. Esto es un tema que continuará dominando discusiones políticas domesticas e internacionales por años, al ir otras naciones adoptando varios modelos de desarrollo con diferentes niveles de éxito. Solamente el paso del tiempo, durante un periodo lo suficientemente largo para ser significativo históricamente, mostrará el nivel de durabilidad y los elevados costos de modelos alternativos al de democracia y capitalismo combinados.

La Gran Recesión

Mientras estos eventos, todos ellos importantes para los Estados Unidos, tomaron lugar más allá de las fronteras nacionales durante la primera década del siglo 21, el público estaba enfocado en los temas nacionales, y dividido sobre los dos más importantes, que eran las guerras en Irak y Afganistán y la política económica. El crecimiento robusto disfrutado durante los años de mediados de la década se hizo más lento, y luego declinó rápidamente durante el año 2008, cuando se vio más claramente que el mercado de bienes raíces estaba en una trayectoria que no podría mantener en muchas partes del país, y que las grandes ganancias que muchas instituciones financieras habían estado disfrutando estaban basados en complejos productos financieros cuyo valor estaba ligado a una continua alza del mercado de bienes raíces. La expansión en crédito de la década, avivada tanto por políticas que el gobierno federal había seguido por mucho tiempo con el fin de aumentar el número de gente que fuera dueño de su casa sin importar la calidad de crédito que tuvieran, así como por empresas privadas que actuaron sin vigilancia y con poca ética profesional al embaucar a mucha gente, estaba llegando a su fin. Las valuaciones de las casas empezaron a caer y los préstamos de interés variable, a subir. Esto incrementó el pago mensual de mucha gente. Muchos de ellos no pudieron pagar y perdieron su casa, lo cual añadió más oferta a un mercado que estaba ya con falta de compradores. Esto pronto se convirtió en un problema nacional que empezó a afectar al gran segmento de la economía ligado a la industria de la construcción e industrias relacionadas.

Lo que algunos economistas han llamado "La Gran Recesión" había comenzado. Le situación económica llegó a un punto de crisis en la segunda mitad del 2008. El sistema financiero global llego al borde del colapso en Septiembre de ese año cuando Lehman Brothers, uno de los bancos de inversión de más tradición en Wall Street, se declaró en bancarrota debido a que un alto porcentaje de sus activos consistía de productos financieros derivativos basados en bienes raíces, en un momento en que estos instrumentos estaban perdiendo valor rápidamente, llevándolo a una descapitalización. Este evento, que tomó a los mercados financieros globales por sorpresa, causó que el crédito interbancario se detuviera, lo cual llevo al crédito en general a un alto total. El gobierno federal tuvo que intervenir para facilitar las transacciones en diferentes mercados con el fin de evitar un completo colapso de los mercados financieros necesarios para el funcionamiento de los Estados Unidos y de la economía mundial en general. El gobierno federal creó un programa llamado T.A.R.P. (Toxic Asset Relief Program) que significa Programa de Alivio de Activos Tóxicos, para ayudar a los bancos a fortalecer sus hojas de balance que habían sido tan afectadas por el colapso de valores de los instrumentos financieros que tenían. También directamente inyectó miles de millones de dólares en compañías de automóviles, la compañía de seguros AIG, y Fannie Mae y Freddie Mac, agencias responsables por la promoción del programa de vivienda del gobierno federal a través de garantías de préstamos. Aun más importante, la Reserva Federal también se convirtió en comprador de activos de emergencia, casi triplicando el valor de su hoja de balance en unos cuantos meses al comprar bonos del Tesoro y muchos activos ilíquidos que tenían los bancos para evitar que los mismos se fueran abajo por ellos. Las medidas lograron evitar el desastre, pero el doloroso reajuste de los Estados Unidos apenas estaba en fase inicial.

La Presidencia de Barack Obama

Todo esto ocurrió durante la campaña presidencial de 2008, y tuvo un gran efecto en el resultado. La elección enfrento a los Senadores Barack Obama y Joe Biden, los candidatos Demócratas para la presidencia y vice-presidencia, respectivamente contra el Senador John McCain y la gobernadora de Alaska, Sarah Palin, quienes fueron los candidatos Republicanos para los mismos puestos. La elección fue una oportunidad de demostrar al mundo la grandeza del país. Con su gran habilidad para capturar los anhelos de una mayoría del público, Obama compitió basándose en un tema de esperanza de un mejor futuro para todos los norteamericanos, y en un cambio de las políticas recientes, con un mensaje anti guerra y anti status-quo al centro de su campaña. McCain tuvo que enfrentarse con un partido dividido, una candidata a vicepresidente que causó mucha controversia, y muy importantemente, con un público desilusionado y afectado por la tormenta económica que había comenzado durante una administración republicana. La mayoría del electorado optó por tomar la nueva dirección que Obama ofrecía. La elección del presidente Obama es muy significativa históricamente porque fue el primer afroamericano en llegar a la presidencia de los Estados Unidos.

Al poder formar una coalición con miembros de muchas clases sociales y grupos étnicos, Obama presentó al país como la cuna de sueños que puede ser, demostrando a mucho votantes jóvenes que la participación política puede resultar en cambios reales en la dirección de las políticas del gobierno. Al llegar a la presidencia desde un origen humilde, Obama se convirtió en el símbolo más visible de lo que cualquier individuo puede alcanzar en los Estados Unidos, y comprobó también que lejos ha llegado la nación en la tarea de alcanzar la idea de igualdad de derechos para todos sus ciudadanos.

Nuestro recorrido por la historia del país, a pesar de ser breve, nos ha llevado en un fascinante viaje. Hemos aprendido, o recordado, como los Estados Unidos atrajeron gente de diferentes orígenes desde su nacimiento como nación, y como su grandeza fue basada en gran parte en la fuerza de los principios sobre los que la nación se fundó, los cuales dieron al ciudadano común el poder de decidir el curso que el país tomaría y la responsabilidad de tener que enfrentar y vencer los retos futuros. También hemos aprendido como los Estados Unidos han podido, durante los dos siglos de su existencia, sobrepasar las condiciones que fueron creadas por los acuerdos hechos al fundarse el país, y gradualmente establecer la igualdad legal para todos los ciudadanos. Al hacerlo, cada generación de estadounidenses ha llevado al país cada vez más cerca al cumplimiento de la promesa hecha cuando se fundó. Este proceso continúa.

De mucha importancia para esos lectores que llegaron a este país buscando un nuevo comienzo y que están ahora interesados en aprender más sobre su hogar adoptivo, hemos aprendido como gente proveniente de todo el mundo ha contribuido al progreso del país, y como sus hijos han continuado su sueño. Ahora que hemos tenido un repaso sobre los más importantes eventos del pasado de la nación, analicemos la situación del país actualmente, los temas que nosotros, como estadounidenses, nos tocará resolver a futuro, y la responsabilidad que los ciudadanos de este país tendrán de vencer los nuevos obstáculos.

SECCION 2

El Estado de la Unión: Los Estados Unidos hoy en día

Capítulo 8
El Estado de la Unión: la situación nacional

La Constitución de los Estados Unidos requiere que el presidente presente un reporte anual al Congreso sobre la situación de la nación. Esto es hecho hoy en día a través de un discurso directo al Congreso. A este discurso se le llama "State of the Unión" (Estado de la Unión) y es una gran oportunidad para todos los ciudadanos de aprender sobre los éxitos de la administración que ocupa el poder, de sus planes para el futuro, y de retos específicos que el país pueda estar confrontando. También representa una oportunidad de ver a los miembros de los tres poderes del gobierno apareciendo juntos, en un gran desfile de la democracia de los Estados Unidos.

El discurso de State of the Unión del presidente Obama al Congreso en Enero de 2013 tuvo lugar en un momento que el país continúa un periodo de auto análisis. Ya llevamos doce años en el nuevo milenio, y estamos entrando al primer año de su segundo término presidencial, y no existe un acuerdo general entre el público y entre los políticos sobre la dirección que debemos tomar para recuperarnos del golpe que la mente y las finanzas de los ciudadanos del país han sufrido durante los años recientes. En un nivel más profundo aún, no hay un acuerdo sobre cómo debería ser el país, y sobre la forma que el contrato social entre pueblo y gobierno debe tomar.

Vastos cambios han tenido lugar dentro y fuera del país en años recientes, transformándolo en uno que muchos de sus ciudadanos no reconocen, y llevando a muchos a añorar un sentido de unidad nacional que antes percibían. Esta transformación no es un nuevo fenómeno. Ha sido una constante de la historia de los Estados Unidos, pero esta vez está ocurriendo después de un periodo al fin del siglo veinte durante el cual muchos estadounidenses estaban convencidos de que había muchas cosas que parecían estar a favor de los Estados Unidos. A muchos se les ha hecho difícil adaptarse a las nuevas condiciones, y la percepción de un país a la deriva que muchos sienten ha incrementado el peligro de que si no actuamos pronto, el daño social sea a largo plazo.

A pesar de que el cambio es en realidad una constante de la vida de cualquier país, es fácil engañarnos a nosotros mismos y pensar que la vida es estática. Esto hace difícil adaptarse a cambios bruscos. Lo que está haciendo este ajuste más difícil para muchos esta vez es la velocidad en que la transformación del país está ocurriendo hoy en día, y especialmente la realidad de que muchas de estas fuerzas están siendo impulsadas por factores fuera del control de los Estados Unidos. El mundo está cambiando, y la sociedad norteamericana está cambiando tan rápidamente que muchos de nosotros, sin importar nuestro origen, estamos sintiendo dificultad en adaptarnos a sus varios nuevos aspectos, pero es importante que lo hagamos.

Mi idea de crear una obra que explicara algunos de los eventos más importantes de la historia del país para que nuevos ciudadanos los pudieran conocer evolucionó y cambió por el impacto que los eventos de los últimos años han tenido sobre toda la gente que vive en el país. Gradualmente me dí cuenta que la magnitud de estos problemas es grande y que la falta de información clara y directa sobre la importancia de la tarea que nos espera realza la importancia de recalcar que éste es precisamente el momento en que nos debemos incorporar en la vida cívica de la nación. Esto es tan cierto para los que recientemente se han convertido en ciudadanos, como para los que apenas están en ése proceso, o los que nacieron aquí. Las elecciones de 2012 demostraron el potencial del poder político de la comunidad latina en los Estados Unidos; ahora es tiempo de convertir ese potencial en realidad y el primer paso es informarnos no solamente de la historia del país y de las ideas que lo han moldeado, sino también del proceso de cambio por el que está pasando, el cual sigue creando confusión entre muchos quienes nacieron aquí, o quienes ya llevan décadas aquí.

Este sentimiento de confusión está generalizado entre mucha gente. Cuando alguien busca los signos familiares que le den una seguridad en la vida diaria, muchos se dan cuenta de hoy en día lo son menos, y aparentemente con menos importancia para otros. No vemos los mismos programas de televisión en la noche, y no escuchamos la misma música; todo está fragmentado. A través de los medios de comunicación somos bombardeados constantemente por intentos sutiles, y no tan sutiles, de influenciar nuestra opinión para fin de ganancia política o monetaria. Irónicamente, la facilidad con que podemos encontrar a gente que comparte nuestra opinión para formar grupos es más grande que nunca. De esta forma, los medios de comunicación modernos facilitan la creación de subgrupos dentro de nuestra sociedad, incrementando el sentimiento de pertenecer a "una tribu" y de "nosotros contra ellos" que muchos sienten.

La forma en que obtenemos nuestra información ciertamente contribuye a éste fenómeno. Sabemos que hay una gran variedad de canales a nuestra disposición para aprender lo que está pasando en nuestras comunidades, en el país y en todo el mundo. Esto significa que frecuentemente preferimos ver los medios de noticias que nos presentan las cosas con las que estamos de acuerdo. Esta tendencia ha llevado a no poder escuchar otros puntos de vista y a una falta de disponibilidad a encontrar terreno en común para poder llegar a los acuerdos necesarios para gobernar efectivamente. Las noticias nos llegan hoy día por radio, televisión, medios impresos, y más importante que nada por su alcance, por internet. Todo mundo puede expresar su opinión "online" sobre los varios temas y eventos, y muchos lo hacen, frecuentemente con tono de enfado y con insuficiente información sobre las cosas de las que se quejan. Sin importar a que parte del espectro político pertenezcan, solamente aquellos que participan en los temas de su comunidad, y en el proceso electoral, están ejerciendo a fondo su poder como ciudadanos. Los que solo gritan y dividen no contribuyen nada positivo.

La lucha actual para definir a los Estados Unidos

La nación está en este momento enfrascada en otra lucha para definirse a sí misma en una nueva era. A su nivel más fundamental ésta es una lucha entre los que creen en la necesidad de que exista un gobierno que juegue un papel activo y presente en todo ámbito económico, social y político, y entre aquellos que quieren que el país tenga un gobierno más limitado, similar al que existía hasta el final de siglo 19.

Para aquellos inmigrantes que provienen de países donde el alcance del gobierno es nulo en muchas áreas del país y es débil en las restantes, esto puede parecer una lucha estéril cuya respuesta es fácil: el gobierno debe estar en todas partes, para atender las necesidades del público. Aquellos que provienen de lugares donde el gobierno ha mantenido un ojo observador y represivo sobre la población, mientras escatima en sus servicios e impide el crecimiento con controles y con corrupción, pueden pensar lo contrario; es decir que pueden estar más inclinados a pensar que el gobierno debería jugar el más mínimo papel que sea posible, y permitir que la gente tenga la libertad de poder tomar ventaja de las oportunidades para superación personal que existen en los Estados Unidos.

Ambas opiniones, opuestas, están también presentes en la política nacional del país, y son promovidas por gente nacida aquí o ya establecida aquí desde hace tiempo. El debate que llevamos desde el año 2011 sobre la deuda nacional es un gran ejemplo de ambas corrientes de

146

opinión. Debido a que el gobierno de los Estados Unidos ha funcionado más o menos efectivamente por más de doscientos años, la lucha aquí no se trata de asegurase de que su alcance llegue a áreas sin ley o a proteger la vida de segmentos de la población desprotegidos. El gran debate en los Estados Unidos actual es sobre el grado en que el gobierno esté involucrado en la decisiones básicas de la vida diaria; este es un debate basado en la forma en que hechos de la historia de los Estados Unidos han influenciado la opinión de los varios segmentos de la población del país sobre lo que constituye el papel apropiado para el gobierno.

El país fue colonizado, y la frontera empujada en dirección oeste por más de trescientos años por gente que estaba dispuesta a dejar todo atrás y jugársela en una nueva tierra. Esto es aplicable para aquellos que iban llegando del extranjero, así como para los que migraron internamente. Muchos de ellos decidieron dejar las ciudades de la Costa Este y lanzarse al interior a buscar un pedazo de tierra al que pudieran llamar suyo. Este fue el caso con los antepasados de mi esposa, quienes llegaron a Texas provenientes de Indiana en 1848, y en cuestión de semanas se construyeron cabañas para poder obtener el título de su tierra. Este espíritu independiente obviamente no existe únicamente en éste país, pero en ningún lugar forma parte tan íntegra de la identidad nacional. Hoy día este espíritu continúa siendo compartido por mucha gente en los Estados Unidos. Es esta tradición histórica de independencia y gobierno limitado sobre la cual muchos de los esfuerzos contra el creciente papel que el gobierno juega han sido basados y continúan siéndolo. Los que están en este campo se oponen a aquellos que creen que el gobierno debe llegar a todo aspecto de la vida en el cuál pueda hacer un caso sólido de poder mejorar la vida de los ciudadanos.

Los extremos políticos

Gentes que opinan de un modo u otro están hoy en día enfrascadas en un argumento sobre qué bando está en lo correcto, y muchos de ellos miran a sus oponentes con desdén. Sin embargo, hay mucha gente en medio de ambos extremos quienes quieren preservar los factores positivos con lo que los cuales el gobierno ha influenciado nuestras vidas durante el último siglo pero que también están interesados en reducir la ineficiencia, desperdicio de recursos y aquellas políticas que le son incosteables a un país con urgente necesidad de disciplina fiscal. Desafortunadamente la conversación nacional actual no está siendo guiada por esta mayoría en medio. Estas voces de los que están conscientes de que ambos lados tienen que llegar a acuerdos para que el gobierno pueda ser efectivo están siendo acalladas por los gritos de los de ambas orillas. La lucha actual sobre el presupuesto federal es el mejor ejemplo de éste problema.

El clima político se ha hecho más difícil en años recientes, especialmente durante las administraciones de Bush y Obama. En un mar de ruido creado por tantos medios de comunicación y tantos mensajes, los políticos tienen dificultad en que sus voces sean escuchadas. Muchos suben su volumen, y sin ningún escrúpulo explotan los miedos de la gente, avivando la hoguera de la guerra de clases y de la intolerancia de todo tipo, o se bajan al nivel de *tabloids* (periódicos de escándalo) en sus ataques contra sus oponentes. Estas acciones caen todas bajo la libertad de expresión pública de las personas, un derecho importante y perdurable en la democracia americana. Sin embargo, este es un derecho que conlleva un nivel de responsabilidad que no todos respetan.

Puede sorprenderle a aquellos que vienen de otros países en los cuales expresar la opinión propia puede significar encarcelamiento o una rápida muerte a manos del régimen, pero a los estadounidenses les gusta exponer sus opiniones libremente, y aprovechan con creces esta libertad básica garantizada por la Constitución. La gente habla sobre sus desacuerdos políticos en privado y en público y esto indudablemente contribuye a fortalecer la república. Los Estados Unidos han tenido una escena política colorida desde su fundación, y ha habido periodos durante los cuales diferencias serias han resultado en profundas divisiones populares; como hemos visto, la mayoría de estos asuntos en el pasado fueron eliminados por común acuerdo, y los más grandes por la Guerra Civil.

Lo que hace a la atmósfera actual causa de preocupación por el bienestar a largo plazo del sistema político de los Estados Unidos es que el tono usado hoy día por ambos bandos es frecuentemente marcado por el rencor y el odio, y los extremistas parecen tener más poder que en cualquier momento de la historia reciente. La política se ha vuelto más polarizada como resultado de esta falta de voluntad de encontrar un terreno común. Al permitir que la pureza de ideología, y no el pragmatismo basado en los méritos de las ideas presentadas en cada caso, sea la fuerza motriz de estos esfuerzos, muchos servidores públicos no están actuando en el mejor interés del país.

La lucha actual, llevada al frente aparentemente por las políticas que el presente gobierno ha implementado para enfrentar la crisis financiera y la recesión, pero más a fondo causada en gran parte por el dislocamiento que la nueva economía globalizada ha creado, no es nueva. Esta lucha es una continuación de un debate que lleva ya doscientos años entre los que quieren ver un poder más centralizado en el gobierno, y aquellos que buscan salvaguardar los derechos del individuo y ven tal gobierno como algo que amenaza estos derechos. Adicionalmente, las "guerras culturales" sobre temas sociales, presentes en los Estados Unidos desde los sesentas, han exacerbado el debate entre "obligación colectiva vs. libertad individual" al añadir temas tales como el aborto, la pena de muerte y el derecho a portar armas, que provocan reacciones emocionales en mucha gente. De este modo el debate actual se ha convertido en uno que trata sobre lo que el país es, y sobre donde debería ir.

Con diferencias muy contrastantes sobre cómo debe ser gobernado el país, la calidad del discurso político ha bajado, y el lenguaje soez entre políticos en desacuerdo es tan común ahora que el público muchas veces no repara en él. Desafortunadamente el público ha escuchado tanto que muchos se han vuelto sordos a ello, y han dejado de exigir un regreso a una interacción más civil entre los servidores públicos. Así como todos quienes llevamos tiempo aquí, aquellos viniendo a los Estados Unidos como nuevo residentes y eventualmente ciudadanos tienen el derecho de exigir más de quienes elegimos para representarnos.

A menos que hagamos el esfuerzo de establecer un nivel básico de conocimiento y responsabilidad cívica desde temprana edad, o desde la llegada al país en el caso de inmigrantes camino a la ciudadanía, corremos el peligro de vivir en una sociedad en la cual mucha gente no sienta un deber cívico y no participe en el proceso político, reduciendo la representatividad de este a un grupo de gente cada vez más pequeño que controle nuestras vidas. Pero la participación requiere un conocimiento más allá de lo mínimo y básico del sistema político nacional. Una peor situación aún que la de falta de participación es una en la que la gente participa en la política sin estar conscientes del poder de su voto y sobre las consecuencias a largo plazo de utilizarlo sin entender los temas sobre los cuales votan. Esto es cierto en el caso de muchos grupos, pero especialmente importante entre nuevos ciudadanos. El número anual de nuevos inmigrantes legales permitido bajo la ley asegura que los números de nuevos ciudadanos aumentan por varios cientos de miles al año. Cualquier acuerdo de legalización de millones de inmigrantes indocumentados realizará aún más la importancia de esta educación cívica ya que la falta de información sobre el país dejaría a muchos de ellos vulnerables a la manipulación, por lo tanto es de interés nacional asegurarnos que ésto no sea el caso.

Cambio Demográfico

Continuando la larga tradición de asentarse en este país buscando una nueva vida, estos futuros ciudadanos llegan a los Estados Unidos cada año. Demográficamente hablando, el país es actualmente más diverso de lo que ha sido en los últimos cien años. Las recientes olas de inmigración no europea han cambiado a muchos lugares, y es ahora común ver familias de origen chino, hindú o colombiano viviendo cerca de gente cuyos antepasados eran ingleses, o provenientes de Irlanda, Alemania o Italia. Como muchos antes que ellos, algunos pasan por dificultades, pero muchos llegan a tener éxito. Esta transformación, que no es más que la continuación de la historia inmigrante de los Estados Unidos, está tomando lugar en ciudades y suburbios en todo el país, y mientras sea manejada correctamente, será fundamental para la futura vitalidad norteamericana en un mundo en flujo en el cual el conocimiento de otras culturas y de la forma de operar en otros países será clave para el éxito personal y el progreso nacional. Esta es la ventaja que la inmigración correctamente manejada le da al país.

Sin embargo, éste cambio reciente no siempre has ocurrido suavemente. La facilidad de la comunicación y la gran movilidad que nos otorgan los modernos medios de transporte han hecho que muchos inmigrantes se hallan asentado en lugares donde hasta recientemente sus números eran bajos o no existentes. La gran ola de inmigración de los noventas y de principios de este siglo, propiciadas por el auge económico y la demanda por trabajadores que creó, fue la fuerza impulsora tras el actual cambio social.

152

Empacadoras de carne en Kansas, construcción en Carolina del Sur, y agricultura en Washington son ejemplos de industrias que sirvieron como imanes para una nueva generación de inmigrantes recientes. Es en muchos de estos lugares, sin una población inmigrante pre existente, donde las tensiones se han incrementado al irse deteriorando la economía e intensificándose la lucha por trabajos que no requieran una educación avanzada. Esto ha sido exacerbado por la realidad de que, en una economía globalizada, los trabajadores estadounidenses con bajos niveles de educación han tenido que competir con los de muchos otros países en todo el mundo, no solamente con los de la ciudad cercana o el estado vecino.

Haciendo a un lado a aquellos que se oponen a la inmigración por razones puramente racistas, el presente debate sobre la inmigración ha sido alimentado por estos cambios visibles, y por la percepción de mucha gente de que los números de inmigrantes son mayores que en cualquier momento de su vida. Una mirada a los datos obtenidos en el censo de 2010 indica que fuera de los estados de inmigración tradicional, este fue efectivamente el caso durante la década pasada.

La inmigración ilegal se ha reducido mucho como resultado de la Gran Recesión, pero el tema continúa siendo uno de acalorado debate porque va en contra de la tradicional historia de inmigración que el país has vivido en el pasado. Desafortunadamente este debate oculta la realidad de que cientos de miles de personas llegan al país cada año y se asientan con éxito gracias a su trabajo y su esfuerzo de adaptación, del mismo modo que millones lo han hecho antes.

Con los millones de buenos casos no recibiendo la atención de los medios, el tema se convierte en uno de miedo y preocupación: ¿Se adaptará esta gente a los Estados Unidos como generaciones previas lo han hecho?, ¿Por qué deben ser tantas cosas traducidas a otro idioma? ¿Será posible para el distrito escolar y los hospitales darse abasto ante la demanda adicional? Estas preocupaciones son reales, y en muchos casos legítimas, especialmente cuando se trata de la salud financiera de las autoridades de educación y de cuidado de salud locales. Las soluciones a las preguntas que crean no son simples, pero el reto no es imposible si los actores políticos trabajan juntos con el objetivo de alcanzar soluciones a largo plazo con el bienestar del país en mente. En un área donde los estados están marchando en diferentes direcciones, basado en el poder de los diferentes constituyentes locales, es crucial que el gobierno federal actúe sobre estos temas en una forma que tenga sentido económico, social y moral. Al escribir estas líneas se está vislumbrando un acuerdo entre las fuerzas políticas que permitirá que se vea progreso en este tema.

La arena política actual

La administración Obama empezó con el partido Demócrata controlando ambas cámaras del Congreso, dándole la posibilidad de pasar legislación sin tener que contar con apoyo Republicano. Esto creó discusiones internas sobre qué área atacar primero. El sistema de salud, la energía, los rescates financieros, la inmigración, la protección ambiental, eran todas áreas en las que se quería hacer cambios. Los *lobbyists* (cabilderos), gente que aboga frente al gobierno a favor de la industria y de grupos de interés, trabajaron mucho para que los temas de sus clientes fueran incluidos en las piezas legislativas siendo debatidas.

Las políticas del presidente Obama, con un énfasis en un gobierno más activo en la vida del público, han sido atacadas con gran energía por una oposición vocal que ganó fuerza durante su primer término. El movimiento del *Tea Party*, así llamado por sus fundadores como intento de establecer un vínculo directo a los ciudadanos de Boston que se rebelaron contra un gobierno tiránico e iniciaron la Guerra de Independencia, se convirtió en una gran agrupación bajo la cual gente de muchas filosofías políticas se unieron en común oposición a lo que muchos de ellos vieron como un golpe "socialista" para tener el poder en los Estados Unidos, combinada con una preocupación por el declive de poder de los Estados Unidos.

A pesar de que existen elementos extremos entre sus seguidores, algunos de los cuales tienen una visión simplista de la historia de los Estados Unidos y un desdén por el valor del diálogo y el acuerdo sin el cual la nación ni siquiera hubiera nacido, sería un error el simplemente referirse a los millones participando en el movimiento como "ignorantes derechistas" de la forma en que algunos en los medios de comunicación suelen hacerlo. Esto sería hacer caso omiso a la realidad de que hay muchos quienes están molestos con los cambios económicos y sociales y quienes, siguiendo la tradición estadounidense de presión

155

pacífica a través del voto han hecho oír sus voces al tomar cualquier oportunidad que tienen para votar por aquellos candidatos que estén dispuestos a promover su mensaje político.

Eso es lo que hicieron de manera muy efectiva durante el ciclo electoral de 2010, creando como resultado un gobierno dividido, con el Congreso de los Estados Unidos dividido con Republicanos en control de la cámara baja y Demócratas en control de la cámara alta así como de la presidencia ganada en 2008.

Esa elección demostró como el país había salido del optimismo de los años noventas a una actitud pesimista, con mucha gente llena de dudas y temores, lo cual continúa hoy en día. No es una exageración decir que la mayoría del público siente mucha ira por la forma en que irresponsables miembros del gobierno, el sector privado y entre el mismo público (¿recuerda los *"teaser rates"* para comprar casas con bajos pagos?) han dañado a todos y han afectado el futuro fiscal del país. Muchos de ellos quieren usar esta ira como causa para generar los cambios políticos que creen ayudarán al país a salir adelante. Este modo de usar el derecho al voto como una herramienta de alcanzar soluciones es una de las más importantes responsabilidades que la gente adquiere con la ciudadanía. Esto hace muy importante el que la gente se informe de los temas siendo debatidos a nivel local, estatal y nacional antes de votar.

El actual clima político puede parecer lleno de desorden, y la ira puede convertirse en algo negativo si no es canalizada responsablemente, pero toda esta actividad demuestra que la democracia norteamericana está viva y sana entre el

156

ciudadano común, tanto entre los que se oponen a un gobierno activista como entre quienes lo favorecen. El ciclo electoral más reciente, en 2012, nos dio una prueba de la continua evolución del panorama político en los Estados Unidos, anulando las ventajas Republicanas de 2010 en gran parte debido al apoyo del voto latino a los Demócratas. La magnitud de la victoria Demócrata demostró el valor de la participación cívica y de la movilización del voto, pero a pesar de que el incremento de votantes que la hizo posible es algo bueno, no se le puede tomar como buen indicador de la salud de nuestro sistema político. La preocupación para muchos, entre los cuales me incluyo, es la pregunta de si el gobierno puede seguir funcionando en un ambiente donde la polarización es tan alta. Los desastres de presupuesto apenas evitados a último minuto en 2011 y 2012 realzaron la dificultad que el movimiento del Tea Party ha creado para aquellos que buscan negociar el llegar a un acuerdo. Hay muchos otros ejemplos de parálisis gubernamental debido a ésta polarización. Sin embargo sigo siendo optimista de que la maleabilidad del sistema político nacional le permitirá adaptarse a estas condiciones. Lo que es crucial es que el público continúe creyendo de que el sistema de gobierno de los Estados Unidos, con sus verificaciones y balances de poder, es más grande que cualquier individuo, partido, o congreso, y que continuemos impulsando a nuestros mejores ciudadanos a que entren al servicio público. En este contexto es importante que los inmigrantes que ya han ganado el derecho al voto en los Estados Unidos después de haber pasado el proceso de ciudadanía se aseguren de apoyar a candidatos en base a su conocimiento demostrado sobre los temas, y en una clara explicación sobre su filosofía del papel que le toca jugar al gobierno, y no en base a sus promesas de resolver problemas milagrosamente, como muchos tienden a hacer.

La composición demográfica de la nación está cambiando, y los recientes patrones de voto parecen indicar que el partido Demócrata podría estar a punto de ganar una mayoría generacional, pero esto no es todavía el caso y no hay ninguna garantía que lo sea. El partido Demócrata pagó el precio en las elecciones de Noviembre de 2010 por haber seguido una línea demasiado ideológica durante los primeros dos años de la administración del presidente Obama. Ese ejemplo es buena advertencia a ambos partidos. El partido Republicano, con el poder en la Casa de Representantes pero con luchas internas, ha tenido problemas para poder contribuir a la solución de los problemas nacionales más efectivamente. Hasta ahora parece ser que en lugar de unidad, estas luchas internas por el alma del partido han evitado que presente un plan coherente a los miembros del electorado que se consideran como moderados, sin los cuáles ningún candidato puede ganar una elección presidencial. El resultado de las elecciones de 2012 abre la puerta a aquellos miembros de este partido que puedan servir de puente entre ambas facciones para poder ofrecer una ideología al público que les permita ser viables en elecciones nacionales a futuro.

Estas elecciones de 2012 continuaron el gobierno divido, realzando la importancia del diálogo en un momento en que la recuperación económica es tan tambaleante, y que la situación fiscal de la nación es insostenible.

La situación económica actual

Las últimas dos décadas mostraron tasas de crecimiento entre las más altas en la historia de los Estados Unidos. Pero esta es una historia de dos mitades, si uno la ve basándose en cómo se obtuvo ese crecimiento económico. El crecimiento de la década de los noventas fue en gran parte producto del estímulo que la economía mundial recibió al abrirse muchas economías previamente cerradas y producto de la innovación tecnológica. Parte del crecimiento de la década pasada fue también influenciado por estos factores, pero también lo fue por una abundancia de crédito barato. La revolución informática que comenzó en los setentas, seguida por la revolución de internet y telecomunicaciones de los noventas crearon un incremento en la productividad que ayudaron a las compañías norteamericanas a crecer a un ritmo acelerado y crear millones de empleos en las industrias completamente nuevas que emergieron como resultado de avances tecnológicos. Mercados recientemente abiertos también ayudaron a las empresas de manufactura y exportadores estadounidenses. Esto creó la explosión de crecimiento económico que la mayoría de la gente disfrutó al fin de siglo. Sin embargo, las expectativas poco realistas de crecimiento basado en nuevas tecnologías llevaron a una sobrevaluación de las acciones de tecnología en el mercado de valores y al posterior colapso del mercado cuando se hizo más claro que los pronósticos de crecimiento para muchas de ellas eran demasiado optimistas. Este colapso tuvo un fuerte impacto en mucha gente que había invertido en el mercado durante los ochentas y noventas y causó que muchos hogares perdieran mucho dinero, dejando a un gran

159

número de gente en mala situación económica y con cuentas de retiro mucho más bajas.

A pesar del colapso de esta burbuja de precios de acciones en compañías de internet en el año 2000 y 2001, la economía se recuperó y se lanzó a otra fase de rápido crecimiento que tuvo como combustible al crédito barato. Con la Reserva Federal bajando tasas de interés para estimular el crecimiento, y manteniéndolas bajas, muchas compañías lograron alcanzar muy buena prestación gracias a esta abundancia de capital a bajo costo, y muchos individuos pudieron comprar bienes sin tener que preocuparse de tener que pagar efectivo al hacerlo; esto resultó en un incremento de la deuda del sector privado. La situación continuó así por varios años, mientras las compañías podían contar con acceso a crédito barato y el público podía seguir usando sus casas como cajeros automáticos cuyo valor siempre seguía subiendo. Pero una vez que esto cambio en el 2008, y los bienes raíces empezaron a desplomarse, el motor de crecimiento acelerado llegó a un alto súbito, con consecuencias casi catastróficas.

La presente situación económica continúa siendo una de dolor para muchos en este país, especialmente para aquellos en trabajos hasta hace poco bien remunerados, pero que no requieren una educación avanzada. Estos trabajos ofrecieron una forma de alcanzar un ingreso y una vida de clase media a millones de estadounidenses por décadas, pero muchos han desaparecido en los últimos treinta años, como resultado de la competencia internacional. El daño económico actual es general y ha resultado ser duradero. En realidad, esta situación ha resultado ser más que una recesión común. "La Gran Contracción" es el nombre más apropiado que ha sido usado recientemente por el periodista Martin Wolf, del periódico *Financial Times* de Londres.

Pero el daño no ha sido limitado a la clase trabajadora en los Estados Unidos. Esta recesión, aparte de tener un alcance global y afectar a muchos países occidentales, ha afectado en los Estados Unidos a las clases profesionales como ninguna lo ha hecho anteriormente. Muchas compañías han reducido sus costos reduciendo el número de supervisores y los niveles de administradores. Los costos más bajos y la productividad más alta han llevado a una buena rentabilidad y a reservas de efectivo más elevadas para muchas compañías estadounidenses los últimos tres años. Sin embargo, aparte del corte de gastos, mucho de las ganancias de estas compañías están siendo generadas gracias a su expansión en el extranjero, donde el crecimiento de los países en desarrollo continúa re balanceando la fuente de ingresos para muchas compañías. Contrastando con ello, el empleo doméstico de muchas compañías apenas ha incrementado. A pesar de las enormes sumas gastadas en los programas de estímulo federal para combatir el efecto de la crisis económica, el gasto no ha tenido un efecto impulsor sobre empleos, y el sector privado también continúa teniendo dificultad en generar el número de empleos requerido para reducir el desempleo.

Sector Salud

Hay personas en el sector privado que alegan que la incertidumbre creada por las acciones regulatorias del presente gobierno impide que contraten más empleados. Entre estos factores inciertos, los costos de salud a futuro, bajo las nuevas leyes, son frecuentemente mencionados como importante factor impidiendo el crecimiento nacional. El Senador Barack Obama entró a la carrera para la presidencia en 2007 con una plataforma política que incluía la promesa de reformar el sistema nacional de salud de modo que muchas de esas gentes que no tenían acceso a seguro medico pudieran obtenerlo. Esta fue una batalla que ponía nerviosos a muchos dentro del mismo partido Demócrata. Es cierto que la falta de cobertura y los altos costos del servicio médico es uno de los más urgentes problemas que enfrenta el país, y que estos costos han estado en una trayectoria no sostenible desde hace años. También es cierto que hasta que todos juntos, como nación, estemos de acuerdo en un modo de reducirlos, no podemos realistamente hablar de la responsabilidad fiscal a largo plazo. Pero muchos miembros del partido del presidente sabían qué poco popular sería, entre aquellos que gozan de seguro medico a través de la compañía para la que trabajan, aprobar una ley que reestructuraría un sistema que muchos dentro de la mayoría asegurada califican, erróneamente, como algo que funciona bien.

La aprobación de la ley de salud de 2010, oficialmente conocida como el *Patient Protection and Affordable Care Act* (Acta de Protección al Paciente y de Cuidado Accesible) fue una gran victoria política para el Presidente

Obama, pero obtenida a alto costo. La reorganización del sistema de salud es el tema que más ha logrado instigar y motivar a la oposición contra su administración. En una escena que recuerda los debates de los años 1840s y 1850s hubo esfuerzos a nivel estatal de invalidar la nueva ley. Estos intentos llegaron a la Suprema Corte pero ésta, al declarar la constitucionalidad de la ley en 2012 hizo que los estados se vean obligados a ponerla en práctica. Como las finanzas estatales están en tan mal estado, y como la nueva ley crea nuevas obligaciones para los gobiernos a este nivel, la difícil búsqueda de una forma viable de implementar la ley continúa en este momento en muchos estados.

Tecnología: La Tercera Revolución Industrial

Mientras el país lucha contra el desempleo y se trata de adaptar a la nueva realidad, también nos encontramos mas rodeados por tecnología que nunca. Esto ha tenido una gran influencia en las capacidades que una persona debe tener para poder obtener un buen empleo. La tecnología ha estado al centro del crecimiento de los Estados Unidos y del mundo entero durante los últimos dos siglos, y hoy en día ofrece un potencial similar. La Tercera Revolución Industrial que estamos viviendo está rehaciendo nuestras vidas en formas nuevas e inesperadas. La productividad se ha incrementado, y a pesar de los temores de quienes pensaban que habría muchos trabajadores que se quedarían sin trabajo a causa de avances tecnológicos, la tecnología ha creado millones de empleos en las industrias completamente nuevas que han nacido en los Estados Unidos y alrededor del mundo en los últimos treinta años.

La visión a futuro de los avances tecnológicos continúa siendo muy prometedora. Hay grandes expectativas de desarrollos importantes en el ámbito de la comunicación y también en la informática, con ambas industrias combinándose más una con otra y haciéndose presentes en cada aspecto de nuestras vidas. Un gran ejemplo del efecto transformador de la tecnología es el hecho de que éste libro puede ser vendido y descargado electrónicamente por cualquier persona con acceso a una computadora o a un lector electrónico en muchas partes del mundo. La transformación de la industria de publicaciones creada gracias a esta facilidad de llegar a mucha gente en nuevas formas es duradera. Es difícil predecir las formas en las que nuestras vidas continuarán siendo influenciadas por ello, y las implicaciones sociales que existirán, pero su impacto a futuro es innegable.

Otro gran ejemplo de un área que se ha beneficiado mucho por la tecnología es el campo de la medicina. Las ciencias médicas serán probablemente donde la siguiente ola innovadora y de avance tendrá lugar, al incrementarse nuestro conocimiento del código genético humano y del cerebro, completamente cambiando la forma en que prevenimos y curamos enfermedades. Esta nueva habilidad de manipular genes también ha creado problemas morales y éticos por los cuales debemos encontrar soluciones como sociedad. Finalmente, pero con mucha importancia debido a los actuales sucesos en áreas de producción petrolera del mundo, nuevas tecnologías de energía muestran gran

164

promesa de mejorar nuestras vidas y ofrecen grandes oportunidades de inversión.

Muchos de estos cambios tecnológicos han empezado a tener un efecto en nuestras vidas diarias también, en formas positivas y negativas. Por ejemplo, la sorprendente marcha de la tecnología significa que mucha gente puede ahora tener acceso a música fácilmente sin salir de su casa. En un ejemplo del impacto social que el uso de toda nueva tecnología crea, también significa que ahora muchos de nosotros caminamos perdidos en nuestro propio mundo musical, sin comunicarnos con los que están a nuestro alrededor. Inmigrantes que vienen de otras culturas en las cuales los lazos familiares y la interacción son fuertes deberían continuar impulsando esos lazos fuertes y trabajar para evitar que sus hijos pasen horas viendo televisión o jugando videojuegos. Común entre los niños y jóvenes, esto lo vivo personalmente sabiendo que se convierte en un problema si mi esposa y yo no hacemos el esfuerzo de ofrecerles alternativas que impliquen interacción familiar.

Los videojuegos son una de esas cosas que como padres nos gustaría poder controlar para que no se conviertan en el único mundo que nuestros hijos conozcan. El argumento comúnmente usado, de que tiene beneficios porque enseñan a las nuevas generaciones a "estar más preparados para trabajar con computadoras a futuro", es dudoso. Aunque recientes descubrimientos me pueden mostrar equivocado sobre este tema, yo creo que las habilidades necesarias para crear un nuevo compuesto químico para una nueva medicina, o para diseñar un coche o un avión, no tienen nada que ver con la habilidad en matar al dragón y obtener suficientes puntos para llegar al siguiente "mundo" de un juego. Pero también entiendo que son una gran industria que genera empleos, y estoy de acuerdo que pueden ser muy divertidos y en muchos casos también educativos. Disfruto mucho el jugar un videojuego de tenis contra mis hijos cuando tengo la oportunidad, pero mi esposa y yo creemos que los videojuegos pueden hacer a los niños en completamente dependientes de la electrónica si no son supervisados. Lo sé por experiencia, porque he tenido que asegurarme de no caer en la trampa de permitir que el entretenimiento electrónico controle el tiempo libre de mis niños por el simple hecho de que es fácil y conveniente permitirlo como padre.

La falta de actividad y la dieta poco saludable que muchos tenemos nos está llevando a un incremento de obesidad de la población, inclusive entre nuestros niños. Los niños de quienes llevan poco tiempo en el país tampoco son inmunes a esto. El contenido de calorías de la comida rápida es muy alto y las porciones en muchos restaurantes son gigantes, y si los niños se sientan en casa por horas y sin jugar, todas esas calorías se vuelven grasa. El efecto inmediato es la obesidad, pero el efecto de por vida es el comienzo a temprana edad de enfermedades crónicas, y un mas alto costo para el país en términos de productividad y costos de cuidado de salud. ¡Es importante que sigamos diciendo a nuestros niños que salgan a jugar! Esto es un tema de importancia nacional que nos afecta a todos a largo plazo, y debería ser tratado correspondientemente. Sé que hay mucha gente que piensa "a mí el gobierno no me tiene que decir cómo comer" pero yo pienso que sería incorrecto el no usar el poder de influencia que tiene para mover a la gente a por lo menos pensar en ello, ya que los beneficios a largo plazo son claros.

La tecnología va a influenciar toda área en la que los Estados Unidos deba competir contra otros países, pero debemos asegurarnos que continuemos valorando la creatividad y la actividad física como balance contra nuestra dependencia en ella, y como complemento al impacto, beneficial en su mayoría, que tiene en nuestras vidas. Los Estados Unidos continúan siendo un país innovador, y nuestra economía capitalista continúa ofreciendo recompensas a aquellos que fundan o apoyan a compañías de tecnología en etapa inicial, y a aquellos que trabajan para ellas en esa misma etapa. En un mundo en el cual un creciente número de países se está moviendo más arriba en la cadena de valor, elaborando productos cada vez más complicados que compiten con los "Made in the USA", el activo sector tecnológico es un testimonio al hecho de que nuestro país continua ofreciendo las condiciones correctas para la investigación y el desarrollo, y para la manufactura de productos de alto valor agregado en una gama amplia de tecnologías.

El sector energía hoy en día

Los Estados Unidos consumen una gran parte del petróleo producido mundialmente, cerca de 20 millones de barriles por día, de un total de alrededor de 89 millones globalmente. Como testigo del largo romance estadounidense con el automóvil, la mitad de este consumo se usa para refinarse en gasolina. Estas importaciones son hechas a un alto precio para la economía nacional. Afortunadamente los Estados Unidos son autosuficientes en carbón, y también tiene enormes reservas de gas natural, las cuales tienen el potencial de desplazar mucha de la demanda de petróleo existente hoy día. Aparte de esto, el país tiene enorme potencial en energía solar y eólica.

Nuestra sociedad es muy intensiva en su uso de energía, está extendida por un territorio enorme, y hasta ahora ha evitado los niveles de impuestos energéticos comunes en Europa. Parcialmente como resultado de esto, ha hecho poco esfuerzo para conservar energía. El tema se ha vuelto importante ya que la dependencia sobre importaciones de petróleo, combinada con más estrictos límites de emisiones aplicados a la generación por carbón, han hecho que el país sea cada vez más vulnerable a shocks en la oferta del petróleo, similares a los que hubo en los setentas. Pero hay buenas noticias en este renglón. El paisaje energético nacional está actualmente transformándose positivamente de un modo que esta amenaza disminuirá rápidamente durante la siguiente década. La producción domestica de gas natural se ha incrementado un 15% en años recientes, y promete seguir haciéndolo en los próximos años.

La energía renovable se está haciendo cada vez más accesible y eficiente gracias al crecimiento global de la industria, y la industria nuclear, crucial como una fuente de generación eléctrica las veinticuatro horas, puede ser aplicable en ciertas áreas del país. Estamos actualmente en un diálogo nacional sobre la mejor forma de sacar adelante una política energética en un nuevo siglo cuando la tecnología y la política global nos han forzado a reconsiderar como obtenemos, y consumimos, nuestra energía. A fin de cuentas, las empresas privadas y las preferencias del consumidor determinarán como se distribuye el capital de inversión en la rama energética, pero esto no significa que el gobierno no deba apoyar la investigación en esas áreas que ofrecen potencial para romper la dependencia nacional a las importaciones de energía.

Educación

De todos los temas importantes que influenciarán la dirección y el éxito del país en los años futuros, pocos son más importantes para el futuro a largo plazo del país que la educación. Desafortunadamente, la educación pública en los Estados Unidos está en un estado de crisis. El sistema de escuelas públicas está fallando, en muchos casos, en su misión básica de preparar adecuadamente a los niños del país, especialmente a muchos de los más pobres que no tienen otras alternativas a su escuela local, sin que importe que tan mala sea. No es raro que niños que vienen de países con un buen sistema de educación lleguen con un mayor conocimiento de más materias que sus nuevos compañeros en la escuela de su nueva ciudad en Estados Unidos. Esto es un problema muy serio. Los estudiantes de este país ahora tienen que competir contra estudiantes de todo el mundo, y la competitividad del país se erosionará rápidamente si no hacemos caso a este asunto. Debemos tener un debate abierto y honesto sobre las causas raíces y sobre la mejor manera de atacar el problema.

169

Desafortunadamente este sector no recibe suficiente atención, en parte porque muchos de los votantes más activos dejaron atrás sus años con niños pequeños hace décadas ya.

Con la experiencia de escuchar a mi esposa, quien trabaja como maestra, hablar de la dificultad que encaran los niños cuyos padres no participan en su educación diaria, y habiendo visto cuanto trabajo requiere de nuestra parte el que nuestros hijos vayan bien en la escuela, firmemente creo que la participación de los padres es muy importante. Yo se que este es un tema del cual muchos políticos huyen, por temor a ofender a miembros del público, pero es crucial.

Desafortunadamente esta participación no está ocurriendo en muchos hogares, y ciertas tendencias sociales han hecho este problema aún peor. Las últimas décadas han sido un periodo durante el cual la familia nuclear norteamericana se ha desintegrado, causando una repercusión en la escuela. Aunque es cierto de que hay ocasiones en que el bajo desempeño académico puede ser atribuido a la baja calidad de enseñanza, es más común el que los niños fallen en la escuela porque no tienen apoyo de sus padres necesario para aprender los conceptos básicos. Muchos jóvenes maestros llegan a la profesión con las mejores intenciones, y con gran capacidad y entusiasmo, solo para encontrarse con una batalla cuya magnitud es demasiado para muchos, que acaban dejando la profesión.

Esta constante pérdida de profesionales en el sector educación, quienes toman trabajos en el sector privado o en otros sectores de empleo público, es un problema que tiene repercusiones graves. Me ha tocado ver directamente esta batalla profesional, y he visto que desmoralizadora es. Esto es especialmente cierto en muchas zonas urbanas, donde la falta de apoyo y dirección paternales que los niños necesitan para ir bien en la escuela es más común.

Equivocadamente, hoy día esperamos que nuestras escuelas desempeñen un papel de guía que en realidad solamente los padres pueden desempeñar. En el debate sobre las deficiencias de nuestras escuelas públicas poca gente se atreve a mencionar este tema, tan claro como el día, por temor de ser acusados de no sentir compasión por los problemas de los pobres quienes son la mayoría en esta categoría. Sin embargo, al evitar esta conversación tan importante para la estabilidad nacional futura estamos afectando a las verdaderas víctimas, los niños mismos, quienes se merecen algo mejor.

Este nuevo mundo al que los Estados Unidos están apenas despertando es un lugar complejo, falto de las certidumbres del pasado. Afortunadamente también está lleno de oportunidades. Tenemos que vernos a nosotros mismos, como país, para encontrar las respuestas que van a crear el repunte de los Estados Unidos. Para aquellos quienes rápidamente declaran que el declive de los Estados Unidos es inevitable, quienes son muchos, les digo que el país solamente está en un proceso de cambio, desorientado por su rapidez, pero no perdido. Tenemos que hacer decisiones difíciles con respecto al papel apropiado del gobierno en nuestras vidas, y al nivel de responsabilidad y participación cívica que cada uno de nosotros necesita tener para asegurar que nuestras comunidades sigan avanzando. Una rápida mirada a la historia nos muestra que en el pasado el público estadounidense ha encarado decisiones difíciles similares. Será un camino tortuoso y difícil, pero el ingenio y la fuerza de voluntad de todos unidos pueden darle vuelta a esta situación si se actúa correctamente.

En lugar de sentir zozobra, debemos recordar que muchas de las cosas que han hecho de éste un gran país siguen estando ahí. En lugar de aceptar un declive, debemos enfocarnos en como volver a una posición de liderazgo inteligente. En lugar de división, debemos encontrar formas de unir al país, ya que en esa unidad encontraremos la salida de la presente situación. Los Estados Unidos siguen siendo el país más dinámico del mundo, habitado por gente que dejó todo atrás para encarar un futuro incierto, y por sus descendientes. Esta capacidad para salir adelante aun en contra de las probabilidades forma parte del ADN del país, literalmente está en la sangre de su gente. Pero es crucial que dejemos de pelear sobre asuntos menores, nos enfoquemos en aquellos que no pueden esperar y nos sentemos a llegar a acuerdos que nos permitan resolver los más importantes entre ellos. La educación, la independencia energética, la industria de manufactura, el crecimiento sostenible, los costos de salud, los programas de gobierno y el papel del mismo, las obligaciones nacionales en el extranjero, nuestro proceso político. Estas son los grandes retos que requieren decisiones.

Ahora veamos algunas de estas áreas en las que necesitamos enfocarnos para sacar al país adelante, y también hablemos de la responsabilidad que quienes se han unido a este proyecto nacional en años recientes, o están a punto de hacerlo, tienen para contribuir a su futuro éxito. La Sección 1 de este libro, la parte que habla de la historia del país, será útil para el lector durante el proceso de entender el contexto necesario para lograr este objetivo de repunte nacional. Los Estados Unidos han encarado muchos retos en el pasado, y su éxito ha sido en gran parte debido a la habilidad de su pueblo de enfrentarlos, adaptándose y mostrando el camino unos a otros mientras las circunstancias cambian.

Capítulo 9

Los Estados Unidos y el mundo actual

La importancia de la historia

La alta interconectividad del mundo en que vivimos significa que la vida de quienes formamos la sociedad en los Estados Unidos es cada vez más influenciada por la posición que el país ocupa internacionalmente. Para poder entender las corrientes de ideas conflictivas que dominan la relación del país con el resto del mundo, debemos conocer la historia del país. George Washington advirtió a sus conciudadanos, en una cita famosa, que "tuvieran cuidado de meterse en enredos en el extranjero". Hablaba por experiencia al hacerlo. Como mencioné en la Sección 1, antes de su carrera como líder militar y presidente, Washington sirvió con distinción en el ejército británico durante las guerras de Gran Bretaña contra Francia en Norteamérica. Washington estaba consciente de que el costo de estas campañas había forzado al gobierno británico a buscar nuevas formas de recaudar fondos, y que ello había llevado a su intento de forzar a las colonias a que los contribuyeran, con el negativo resultado final para el Imperio Británico.

La opinión de Washington fue atacada por muchos en ese tiempo, pero ganó. No fue hasta que la presión de directos ataques sobre intereses de los Estados Unidos llegó a intolerable que la joven nación decidió mandar a la mayor parte de su flota naval a pelear contra piratas en el mar Mediterráneo, veinte años más tarde. Poco tiempo después

174

de esta exitosa campaña el presidente James Monroe decidió crear una esfera de influencia sobre todo el continente para los Estados Unidos, efectivamente estableciendo que cualquier movimiento Europeo en el hemisferio occidental sería visto como un reto directo contra los intereses de los Estados Unidos.

La falta de retos en contra de esta "Doctrina Monroe" le dio al joven país un periodo durante el cual se pudo sentir seguro, tras de su confortable barrera oceánica, de ataques de potencias Europeas.

La imagen de los Estados Unidos como una nación sin intenciones de aventuras extranjeras cambió gradualmente al paso del siglo 19. La guerra México- Americana, con el incremento de territorio estadounidense que significó y con su relativa facilidad, tuvo un profundo efecto en la mentalidad política y del público en general, llevando a una aceptación general de la idea del Destino Manifiesto ("Manifest Destiny"). El Destino Manifiesto era una visión que promovía un derecho divino de los Estados Unidos de expandir su territorio a través del continente y de llevar su tecnología y civilización a otros. Este concepto puede parecer extraño en el contexto del siglo 21, pero fue una poderosa idea que tuvo un profundo efecto sobre la política exterior de los Estados Unidos, y sobre la historia del país durante el siglo 19.

Una mayor industrialización, inmigración continua, y la resolución de conflictos internos a través de la Guerra Civil resultaron en un país más dispuesto a ver hacia el exterior. Los Estados Unidos estaban creciendo y volviéndose más y más entrelazados con el resto del mundo en esta primera

175

era de globalización que ocurrió durante las últimas décadas del siglo 19 y las primeras del siglo 20. Sin embargo, la corriente aislacionista también existente en el país se ejemplifica en que tan cerca al fracaso se llegó en la adquisición de Alaska en el Congreso en los 1860s. Muchos no veían ninguna necesidad o ganancia estratégica en adquirir una "hielera" sin ningún uso aparente, y el tratado apenas pasó el voto en el Senado.

Tres décadas más tarde, y con la nación recuperada y más fuerte, la guerra Hispano-Americana fue la reafirmación de una visión alternativa, expansionista, del país en la escena mundial. Partícipes en una ola de apoyo popular a medidas punitivas a causa del hundimiento del acorazado *USS Maine* en el puerto de La Habana, Cuba, muchos políticos exigieron acción militar que resultó en la adquisición americana de territorios en el Caribe y el Océano Pacífico.

Pero fue Woodrow Wilson, el presidente que llevó a los Estados Unidos a la Primera Guerra Mundial, quien creó una visión del país verdaderamente revolucionaria, la cual continúa guiando la política exterior norteamericana hasta hoy en día. Esta visión firmemente planteó a los Estados Unidos como un país dispuesto a luchar por las ideas de libertad y democracia en tierras lejanas, aún cuando no hubiera una amenaza a su territorio. Con la revalidación de esta idea proporcionada por la victoria Aliada en la Primera Guerra Mundial, Wilson siguió con similar idealismo un acuerdo entre naciones que crearía un nuevo método para solucionar conflictos internacionales. Su esfuerzo resultó en la creación de la Liga de las Naciones que mencionamos antes. Pero este optimismo inicial prontamente hizo paso a la realidad de lo difícil que es el tratar de desviar a otros países a un curso que no sea guiado por sus propios intereses nacionales. El deseo del público estadounidense de no inmiscuirse en asuntos extranjeros también se volvió dominante. La creciente economía de los 1920s, y el subsecuente desplome que llevó a la Gran Depresión, mantuvo a los Estados Unidos enfocados en asuntos domésticos y sin apetito para nuevas aventuras extranjeras.

La Segunda Guerra Mundial cambió todo. Inicialmente empujado por la necesidad de ayudar a los británicos en su solitaria lucha contra los nazis, y más tarde como una respuesta a un ataque directo en territorio nacional, el público estadounidense se dio cuenta de la importancia de participar con el resto del mundo, así como la importancia de la fortaleza militar. La posición de los Estados Unidos al fin de la guerra era tan superior a la de cualquier otro país que hizo que el país dominara la agenda de reconstrucción global, permitiéndole que reflejara sus ideas nacionales. Japón y Alemania Occidental fueron reconstruidas como democracias. Los europeos recibieron ayuda a través del Plan Marshall, y la Unión Soviética fue contenida con un sistema de alianzas, De estas alianzas, NATO/OTAN (Organización del Tratado del Atlántico Norte) fue la más importante de ellas al unir a los Estados Unidos con varios países europeos y Turquía. El sistema financiero mundial de la posguerra también fue forjado por los Estados Unidos y sus aliados, y sus herramientas como el Banco Mundial y el Fondo Monetario Internacional lo reflejan hasta hoy día. Este periodo de la posguerra fue la época durante la cual se forjó la presente visión del rol global de los Estados Unidos en los ojos de la población mundial y es la cual sigue siendo la base de la visión del papel global del país de la mayoría de los presentes líderes nacionales.

"Reality Check": los 1990s y el Nuevo Milenio

Con el colapso de la Unión Soviética y la victoria de los Estados Unidos en la Guerra Fría hubo un corto periodo durante el cual parecía posible que un nuevo orden internacional, basado en la democracia, en la economía de mercados libres y en la acción colectiva internacional bajo el liderazgo de los Estados Unidos fuera algo que se pudiera conseguir. Las guerras en Iraq, Ruanda, los Balcanes y Sierra Leona demostraron que el mundo es demasiado complejo para tener una realista expectativa que eso pase mientras haya tanta gente viviendo en la opresión o literalmente muriéndose de hambre en muchos países.

En lugar de tener al viejo y bien conocido enemigo soviético, los Estados Unidos tuvieron que manejar amenazas provenientes de estados más pequeños, o guerras civiles, y esto resulto ser mas difícil en cierta forma. El despunte del fundamentalismo islámico, más dramáticamente ejemplificado en los ataques del 11 de Septiembre, complicó esta escena aún más al crear un nuevo tipo de amenaza, formada a base de individuos y organizaciones, mucho más difícil de disuadir y combatir que las naciones-estado.

Los conflictos en Iraq y Afganistán han dominado la política exterior norteamericana durante la década pasada. Al decidir atacar a Al-Qaeda en Afganistán y a derrocar a

178

Saddam Hussein en Iraq los Estados Unidos han tenido que combatir las acusaciones de estar enfrascados en una guerra contra el Islam, a pesar de las continuas y enfáticas negativas del gobierno. El presidente Bush fue criticado por muchos por haber lanzado un ataque en Afganistán. Pero el hizo lo que creyó que era necesario para salvar vidas norteamericanas. Lo que pocos pueden disputar es que después del 9-11 el tenía que hacer algo sobre Al Qaeda, y negándoles un refugio en Afganistán era necesario para prevenir otros ataques que seguramente hubieran llegado si se le hubiera dejado bajo el régimen Talibán.

Con la urgencia de eliminar la amenaza no hubo tiempo de estudiar las consecuencias políticas de largo plazo de esta acción, y hoy en día seguimos con el dilema que nos presenta Afganistán. Salirnos de ahí y verlo desmoronarse una vez más, o quedarnos por años más, con gran costo de vida y dinero para mantener una frágil paz en un ambiente plagado de corrupción y lucha interna. Sabiendo que el público está cansado de la guerra más larga de la historia del país, la administración Obama ha establecido el fin de 2014 como la fecha objetivo para la salida de las tropas de los Estados Unidos.

La invasión de Iraq le significó a los Estados Unidos un reto internacional aún más difícil. En el caso de Iraq, la completa falla de la inteligencia facilitó el deslice a la guerra, y la falta de planeación después de la rápida victoria militar resultó ser muy costosa para los Estados Unidos. Una falta de entendimiento de los asuntos culturales y religiosos en el país, aunado a los continuos ataques por parte de terroristas locales y extranjeros, llevó a una muy

179

difícil situación que solamente mejoró gracias al gran sacrificio de vidas norteamericanas, británicas, y de muchos otros miembros de la coalición, y al sacrificio de miles de vidas iraquís y gasto de cientos de miles de millones de dólares. Por lo menos Iraq es un país con un cierto nivel de desarrollo e infraestructura, y una larga historia. Esto, junto con el abundante recurso natural que genera un ingreso regular al gobierno, aumenta la probabilidad de que la sociedad iraquí gradualmente se llegue a recuperar de la dictadura de Saddam y de los años de guerra civil que la siguieron, y logre establecer el control de la ley y eliminar el temor a una nueva guerra civil.

La candidatura de Barack Obama, y su subsecuente victoria, dio esperanza a todos aquellos alrededor del mundo que querían ver a unos Estados Unidos más dispuestos al dialogo y a la cooperación con otros países en causas internacionales. El viaje del candidato Obama a Europa reforzó esta imagen de un hombre más dispuesto a tener en cuenta la opinión internacional y a ser regido por acuerdos internacionales. Su inesperada victoria reforzó la imagen positiva de los Estados Unidos en muchas partes. Sin embargo Obama, como era de esperarse en tales circunstancias, también ha sido criticado por muchas de estas mismas gentes ahora que es presidente. Lo que muchos olvidaron es que Obama fue electo Presidente de los Estados Unidos, no del mundo. Esto se ha vuelto más claro con el tiempo, ya que muchas de sus acciones han sido guiadas exclusivamente por interés nacional. La continuación de la administración Obama de las políticas antiterrorismo de Bush son un gran ejemplo de cómo una vez que llegó a la presidencia el peso de la evidencia demostró su necesidad en muchos casos. Otro caso reciente es el de Libia, donde los Estados Unidos dejaron que los europeos llevaran la mayoría de la acción bélica, evitando un envolvimiento innecesario. Con dos guerras en mente, y una crisis fiscal, el caso para una mayor intervención era demasiado tenue, a pesar de las expectativas europeas e internas a lo contrario. Más recientemente, Siria ha presentado un dilema similar que por el momento nadie parece saber cómo resolver.

Consciente de que puede ser contraproducente y crear problemas a largo plazo, como lo ha hecho en el pasado, Obama ha tratado de suavizar la imagen de poder duro de los Estados Unidos. Esta visión estratégica le ha traído mucho criticismo de aquellos quienes quisieran tener una política externa de línea dura en todo caso. Sin embargo es claro que un problema que ha tenido en su política externa es que mientras que el diálogo puede ser un forma válida y necesaria de llevarse con otras democracias con las cuales los Estados Unidos tiene un diálogo estable, tiene muy poca posibilidades de resultar efectiva en el trato con esos países cuyos líderes se oponen ideológicamente a cualquier trato con los Estados Unidos. No hay muchos países que estén en esta categoría por el momento, pero algunos de los que sí lo están, crearán un reto en décadas por venir. El caso de Corea del Norte, ya mencionado, es uno de ellos, y desafortunadamente todo indica que el nuevo régimen en ese país no tiene una buena capacidad de análisis geopolítico, lo cual puede llevar a un conflicto muy rápidamente.

Sin embargo este intento es un cambio de la política externa que se ha llevado por muchas décadas, y tiene la posibilidad de crear relaciones diplomáticas más fáciles con aquellos países con quienes debemos trabajar para poder compartir el esfuerzo equitativamente en temas de interés mutuo. Irónicamente, ahora que los Estados Unidos están teniendo dudas sobre aventuras extranjeras, algunas naciones que han criticado sus intervenciones en el pasado están teniendo problemas en acostumbrarse al vacío dejado por unos Estados Unidos menos dispuesto a llevar la lucha de otros. La dificultad de varios aliados europeos en poder ayudar al Reino Unido y a Francia a compartir el peso de las operaciones en Libia en 2011 fue un gran ejemplo de cómo una dependencia excesiva en las capacidades militares de los Estados Unidos ha erosionado la capacidad de la OTAN de mantener operaciones militares de escala.

Las guerras en Afganistán e Iraq fueron el tema de política exterior más importante de la década pasada. Sin embargo, con la excepción de los valerosos miembros de las fuerzas armadas, y de sus familias, la mayor parte del público no tuvo una cercanía diaria al sacrificio que se hizo. Hay una falta de conexión entre el público estadounidense y las decisiones tomadas en materia exterior en su nombre, y esto es peligroso. Esto es claro cuando habla uno con gente de diferentes partes del país, y es algo que nos puede crear problemas en el futuro, ya que un menor entendimiento del sacrificio requerido se convertirá en una menor capacidad de juzgar si el uso de las fuerzas armadas en lejanas tierras es justificado.

El Continuo Impacto de la Gran Recesión

Con un público menos conectado al sacrificio siendo hecho por las fuerzas armadas en estas largas guerras, los hechos de mayor influencia sobre la vida diaria norteamericana y sobre la autoimagen del país en años recientes no han sido las guerras, sino la crisis financiera de los últimos años. La economía de los Estados Unidos estuvo en el otoño del 2008 a punto de sufrir una calamidad financiera a la par que la Gran Depresión de los 1930s, pero mucho más rápidamente. Solamente la rápida intervención de la Reserva Federal, la coordinación entre los bancos centrales alrededor del mundo, y la cooperación entre los equipos de Bush y Obama evitaron el desastre. Pero la explosión en gasto deficitario que resultó por las difíciles decisiones políticas tomadas para enfrentar el casi colapso económico, y la alta tasa de desempleo que se dio, han tenido un efecto sobre la forma en que muchas personas ven al país.

Después de la hostilidad internacional contra los Estados Unidos que las guerras causaron, los problemas económicos que comenzaron en el 2008 hicieron que muchas personas en otros países se alegraran o burlaran de la situación. Esto es desafortunado porque el alto nivel de interconexión que ahora existe entre las economías mundiales significa que la presente situación afecta hoy en día a todos los países avanzados y por lo tanto requiere una cooperación entre ellos para su resolución. Ahora que

183

entramos al año 2013, está claro que el papel activo que ha jugado la Reserva Federal en apoyar la economía ha sido responsable por una buena porción del aumento de la actividad económica desde 2009, y que el retiro de dicho apoyo, que tendrá que venir tarde o temprano, representará un reto en un periodo en que el resto del mudo está en peligro de colapsarse (la Unión Monetaria Europea), sufriendo de desaceleración e inflación (China), o de altos niveles de deuda (Brasil y China). No es una época fácil, y las soluciones, desde la perspectiva de los Estados Unidos, requieren todas de visión a largo plazo y sacrificio.

Inmigración

A pesar de todos sus problemas, los Estados Unidos continúan siendo el destino más deseado por los inmigrantes; esto tiene un efecto positivo en la capacidad del país para conectarse con el resto del mundo, gracias a las directas contribuciones que muchas de estas gentes, la mayoría de los cuales se vuelven ciudadanos, hacen a la creatividad y competitividad del país. Tampoco olvidemos la contribución que hacen al estrechar los lazos entre sus países de origen y los Estados Unidos.

Aparte de estos beneficios sociales, hay otros que pueden ser fácilmente cuantificados. Muchos inmigrantes deciden abrir sus propios negocios familiares, aumentando la base de recaudación de impuestos y los empleos. En algunos casos estos llegan a ser grandes empresas, especialmente en el ramo de tecnología. Muchos otros, aún antes de convertirse en ciudadanos, han decidido enlistarse en las

184

fuerzas armadas para poder obtener una educación y una carrera en servicio de su país adoptivo. Su disponibilidad para desempeñar este servicio cívico es algo a lo que se le debería de dar más importancia en el futuro cuando se busquen soluciones innovadoras para el reto presentado por la necesidad de continuamente mantener un nivel mínimo de personal enlistado.

Por mucho tiempo un imán para inmigrantes y un lugar admirado por muchos, la sociedad norteamericana en algunas partes del país está teniendo dificultad en adaptarse al un mundo en el cual la movilidad significa que gente de otros países ha llegado aquí para tomar ventaja de oportunidades de trabajo. La inmigración ha estado bajo ataque, y se ha convertido en uno de los temas más debatidos en el país. Es importante que el público esté consciente de que si es manejada correctamente, la inmigración pudiera continuar siendo la fuerza positiva que ha sido desde un principio. Sin embargo, para que esta visión vuelva a restablecerse, el gobierno tiene que hacer un verdadero esfuerzo en arreglar el presente sistema, que no funciona. La elección de 2012 cambió el panorama político súbitamente, y el prospecto de una ley que sea aprobada por el Congreso y firmada por el presidente en 2013 es algo alentador.

La autoimagen norteamericana en un mundo cambiante

Mucha gente que ha emigrado a los Estados Unidos de otros países, y muchos estadounidense nacidos en este país, saben que frecuentemente hay una diferencia entre la forma en que el país se ve a sí mismo y como lo percibe mucha gente alrededor del mundo. Esto es normal para cualquier país, pero es especialmente importante en el caso de los Estados Unidos porque su habilidad de proyectar poder a lejanas tierras y trabajar con otros países a futuro será dependiente en gran parte de la capacidad de sus líderes de entender la mentalidad de otros pueblos y la forma en que el país se ve a sí mismo.

Mientras que la mayoría de los estadounidenses, rodeados de una democracia establecida y casi siempre eficaz, crecen convencidos de que este sistema es el mejor y que muchos deberían emularlo, mucha gente alrededor del mundo ve a los Estados Unidos y admira algunos de sus elementos desde distancia, pero se siente ambivalente sobre el grado al cual quieren que sus propios países se parezcan a los Estados Unidos. Esto es algo que cualquier administración norteamericana debe tener consciente cuando el uso del poder militar del país en el extranjero sea considerado como opción. Tal conocimiento determinará en gran forma que tanto éxito tendrá el país en alcanzar los goles frecuentemente citados, y creído firmemente por muchos de nosotros, de libertad, democracia y progreso económico para el país en cuestión.

Los eventos de hoy día en el Medio Oriente parecieran llevar a esos países a una democracia, aunque no sea inmediata. Pero es demasiado temprano para regocijarse por tal desenlace, a pesar de los acontecimientos positivos en algunos de los países del área. Basta ver a Siria para entender que no todos los desenlaces son buenos. Desafortunadamente será difícil establecer verdaderas democracias rápidamente en lugares que no tienen una historia de política multipartidista, sin un público educado en los detalles de una democracia y una participación cívica, y con pocas figuras de suficiente estatura y experiencia para conducir a sus países por el camino correcto. Esto requerirá paciencia y habrá muchos descalabros por el camino, indudablemente. A diez años del cambio forzado de régimen, los iraquíes todavía están pasando por el proceso de aprender a gobernarse y vivir en una democracia. El Medio Oriente está saliendo de décadas, siglos dirían muchos, de tener poblaciones políticamente ignorantes a causa de los gobiernos autoritarios de la región, y lo probable es que veamos más inestabilidad antes que estos países lleguen al punto en el cual los diferentes partidos acuerden sobrepasar sus diferencias en las urnas.

Algo en que los estadounidenses sí están completamente correctos es que los principios sobre los cuales fue fundada la nación son algo visto como digno de emularse por mucha gente que busca su propia autodeterminación. El gobierno proveniente de la gente es una poderoso concepto, de más de 225 años hoy en día, que debe continuar siendo una idea de este país que sea ofrecida como ejemplo, adoptada por otros pueblos y adaptada a sus condiciones, aun cuando

187

haya a quienes en otras partes del mundo les sea poco apetecible.

En cuanto a la validez de la idea, y sobre si esta es una forma menos efectiva de llevar un país al ser comparado con una economía centralizada en la cual el pueblo tiene voz limitada, yo pienso que la historia nos ha dado ya la respuesta a esta pregunta, y que seguiremos recibiendo recordatorios en años venideros al comprobarse la importancia durante tiempos difíciles del gobierno derivado del sufragio universal. Toda nación pasa por buenos y malos tiempos. Cuando los tiempos son buenos, la gente tiende a pensar mucho menos sobre sus aspiraciones políticas y sobre si su gobierno trabaja para el bien común. Pero cuando inevitablemente se pasa por una mala racha, es mucho más fácil sobrellevarla y superarla con un gobierno que deriva directamente de la gente y tiene al bienestar público como la fuerza que le da empuje. El poder echar a los políticos malos de su puesto y poner gente con ideas diferentes en el poder es el mejor antídoto contra los levantamientos populares y la represión. Yo confió que este seguirá siendo el caso.

Main Street y Wall Street

Las ideas sobre el poder de la democracia y sobre los beneficios que los ciudadanos reciben de ella han sido puestas a prueba recientemente en los Estados Unidos en una forma que no se ha visto en muchos años. La crisis financiera, con todo el dolor que ha causado a la mayoría, ha puesto a prueba la democracia de los Estados Unidos y el sistema de mercado en el cual se basa la economía. El país está en muy diferente situación, después de dos guerras y un golpe financiero muy fuerte, de la cual disfrutaba al abrirse el milenio en la cúspide del auge económico de los 1990s.

El libre comercio, una idea apoyada por muchos países durante los 1980s y 1990s, y una idea que jugó un papel importantísimo en el desarrollo de varias países asiáticos, no es visto ya de la misma forma en que era visto hasta hace unos años. Mucha gente ahora lo ve como algo que permite que las compañías norteamericanas eliminen posiciones bien pagadas en los Estados Unidos y las exporten a países donde los salarios son más bajos. También lo ve como la causa tras la inundación de bienes de consumo baratos que entrán a expensas de productos hechos en Estados Unidos, y eliminan empleos. El libre mercado en sí mismo es puesto en tela de juicio por muchos que todavía sufren los efectos de los recientes problemas económicos.

En medio de esta crisis económica el valor de tener una democracia es puesto en duda. El impresionante despunte de los países en Asia, muchos de los cuales lo lograron bajo regímenes autocráticos o de un solo partido, ha dado nueva munición a aquellos que dicen que la democracia no es necesaria para poder alcanzar un crecimiento sostenible. Esta es una forma de pensar peligrosa. Creo que la mayoría de la gente alrededor del mundo quiere tener mejor ingreso y tener un mejor nivel de vida, y asimismo creo que se dan por satisfechos con alcanzar estos goles si tienen la oportunidad de hacerlo, aunque el poder político siga

189

siendo algo fuera de alcance. Pero también creo que tarde o temprano decidirán tener la libertad para expresar su opinión públicamente y pedirán a sus gobernantes que les rindan cuentas. Para tales países, el tiempo ideal para introducir una más grande apertura política es cuando la economía marcha bien, antes de que eventos externos y factores no esperados cambien las condiciones. Sin embargo, es una transición difícil, y cada país se enfrenta a diferentes limitantes.

El capitalismo es hoy en día puesto en tela de juicio por muchos alrededor del mundo, y esto es causa de preocupación, ya que ha probado ser el mejor sistema para la distribución de recursos y para incrementar la riqueza material durante más de dos siglos. El comunismo resultó ser un desastre total, y su brillo finalmente se apagó cuando su promovedor original y principal exportador, la Unión Soviética, le dió la espalda. Pero el gobierno autoritario con una mano dura del estado en la economía es todavía una fuerza poderosa en muchas partes del mundo, especialmente en aquellas con abundantes recursos naturales que crean las condiciones para que gobiernos corruptos controlen poblaciones pobres con el uso de la fuerza para poder mantener el status quo.

Hay cierta opinión hoy día existente entre un gran número de gente en los Estados Unidos, que arguye que el sector privado existe solamente para el enriquecimiento de unos pocos a costa de los demás. Esto es algo que se debe tomar seriamente porque incrementa la polarización y podría debilitar la capacidad del país de crecer a futuro al crear presión sobre el gobierno para que juegue un papel más activo en la economía. Debe de existir un balance entre la regulación necesaria para asegurar que las compañías actúen responsablemente y la creación de condiciones favorables para el funcionamiento eficaz del sector privado en este país. Este es un importante mensaje que tiene que ser repetido, pero para poder ser eficaz, la gente tiene que creer que existen suficientes protecciones para prevenir que se repitan las condiciones que llevaron al reciente caos económico.

La transparencia en la forma en que el sector privado interactúa con el resto de la sociedad será clave para que se renueve la confianza del público. La ira de hoy en día es ejemplificada tanto por el Tea Party como por el movimiento *Occupy*, y tiene mucho que ver con el hecho de que mientras que mucha gente sigue sufriendo los efectos de la Gran Recesión, hay muchas empresas, especialmente del sector financiero, que han disfrutado de muy buenas ganancias recientemente. Es fácil para quien está en la industria financiera el olvidar que mientras que puede tener sentido comercial el pagarle a alguien el 10% o 15% de la ganancia que creó para la empresa, la realidad es que cuando estas sumas alcanzan muchos múltiples del ingreso promedio, el público simplemente se enfoca en la cantidad recibida por el individuo, la comparan a su paga, y juzgan negativamente al sistema capitalista como resultado.

La autosuficiencia energética: un reto nacional urgente

Al centro de la presente vulnerabilidad de los Estados Unidos está su política energética, o mejor dicho, su falta de tal política. El país, durante más de cuatro décadas, se volvió cada vez más dependiente de importaciones de petróleo, y cada barril importado ha disminuido su capacidad de maniobra in la política interna y exterior. Imagine que tan diferente podría ser la política exterior si los Estados Unidos fueran independientes energéticamente. Muchos de los temas internacionales que nos afectan internamente tendrían mucho menos efecto sí este fuera el caso. Hay quienes prefieren el status quo, pero esto no tiene sentido desde un punto de vista de interés nacional.

Los Estados Unidos tienen la oportunidad, con tecnología existente, de crear un renacimiento económico al transformar su uso de energía de fuentes extranjeras a uno basado en fuentes internas. La respuesta está compuesta de una combinación de tecnologías, pero traerá beneficios en áreas como un medio ambiente más limpio, empleo en nuevos segmentos del sector energía, tanto en gas como en renovables, y en desarrollo tecnológico. Este cambio también traería beneficios en materia de defensa y política exterior.

La idea de terminar la ¨adicción al petróleo¨ que sufre el país, como lo dijo el presidente Bush hace unos años, no es descabellada, como algunos nos quisieran hacer creer, y no nos llevaría la mayor parte del siglo para hacerla realidad, como otros dicen por motivos de su propio beneficio. El país ya pasó por transformaciones similares en lo que los economistas llaman la Primera y Segunda Revoluciones Industriales. En la primera, la economía nacional fue impactada primero por el uso del vapor como fuerza motriz y por el hierro. En la segunda, lo fue por el uso de la electricidad y el petróleo. En lo que constituiría la más reciente fase de la Tercera Revolución Industrial que estamos viviendo, después de computación y telecomunicaciones, nosotros los ciudadanos de este país deberíamos hacer el esfuerzo para transformar el modo en que obtenemos nuestra energía, y los usos que le damos.

A pesar de los problemas mundiales, los costos reales de energía en los Estados Unidos están bajando, y la creciente capacidad que tiene mucha gente de seguir en tiempo real su consumo de energía alcanzara más gente al continuar bajando los costos de equipos que combinan varias tecnologías, y que aumentan nuestro poder como individuos. Esta capacidad va a permitir que muchos usen su energía en casa de una forma más eficaz. Esto no será un éxito de la noche a la mañana, pero de una forma similar a la tecnología informática y a la industria de telecomunicación, será una revolución similar que una vez lanzada no podrá detenerse. La pregunta que nos debemos preguntar hoy en día es: "estarán los Estados Unidos como líderes del sector, o permitiremos que otros establezcan su propia agenda de intereses?", lo cual significaría que los Estados Unidos se convertirían en dependientes de otros países en este sector también. La urgencia de este asunto ha sido realzada una vez más por la continua inestabilidad en el Oriente Medio, que amenaza una vez más afectarnos económicamente.

Los estadounidenses han alcanzado grandes logros en su historia. Los Estados Unidos fueron pioneros en el establecimiento de un gobierno democrático; el país creó la economía más dinámica del mundo; abrió sus puertas a quienes sufrían persecuciones en sus tierras; junto con los Aliados, derrotaron a las gobiernos totalitarias dos veces en una generación, y después de una larga lucha lograron derrotar al comunismo. El país ha sido un pionero en buscar la mejoría de los sectores laborales de la población al requerir ciertas condiciones para trabajadores y al proteger el medio ambiente; ha sido un líder en tecnología y en las ciencias que han transformado nuestras vidas, y en la medicina que nos ha permitido disfrutarlas.

La presente situación es un reto similar a esos retos, y requiere una visión similar a aquella demostrada por los hombres y mujeres que los enfrentaron en esas ocasiones. La Carrera Espacial tenía amplio apoyo popular, en parte porque era vista como una forma de mantener supremacía de los cielos sobre los soviéticos, pero en mayor parte porque el presidente Kennedy explícitamente afirmó su decisión de tener como objetivo el llevar a un hombre a la luna, sin importar costos y dificultades. Al hacerlo, Kennedy estableció una meta que creó una gran pasión entre el público y una gran dedicación a alcanzarla entre todos quienes formaron parte del esfuerzo.

El éxito en esta *Carrera de Energía* de hoy día requerirá de una declaración de objetivos similar a la de Kennedy, y de un plan real de cómo llegar a ellos, en una cooperación entre la industria y el gobierno que ponga al pragmatismo arriba de la política. El éxito en este ámbito podría tener un tremendo impacto en las relaciones de Estados Unidos con el resto del mucho y podría mejorar las vidas del pueblo estadounidense mucho más que cualquier programa de gobierno.

La rapidez del cambio en estos últimos años ha sido tal que no pasa una semana sin que sea escrito un artículo en una publicación importante que trate sobre el declive de los Estados Unidos. El que logremos hacer de esto una opinión errónea requerirá sacrificio, duro trabajo, un reconocimiento que el país debe vivir dentro de sus medios, y una disponibilidad de mirar al mundo como un escenario con diferentes actores en el cual los Estados Unidos juegan un papel que va cambiando y cuya importancia depende más de su capacidad de liderazgo tecnológico y político a través de la fuerza renovadora de los valores que apoya, que a través de la proyección global del poder militar, el cual no puede seguir siendo justificado a niveles actuales. Es a través de una mejoría continua de la vida de la gente y a través de la atención a los asuntos internos, no a través de acciones en otras partes del mundo, que el país recuperará su fuerza y retomará su lugar como fuente de inspiración para muchos alrededor del mundo.

Los Estados Unidos continúan siendo una apuesta ganadora. En realidad, este es un buen momento para apostarle, mientras que su valor nominal esta tan abajo. Pero nos debemos asegurar que la renovación de la participación ciudadana necesaria para que el país repunte tenga una amplia base e incluya a aquellos que cada año llegan a esta tierra a compartir el sueño de que todo es posible con la fuerza de voluntad y el trabajo. ¿Así que cuales son los temas que deben ser resueltos para asegurarnos que el país retome su marcha? La Sección 3 del libro le ofrecerá al lector un esbozo de los temas que nos afectarán a todos.

SECCION 3

La Renovación de la Unión

Capitulo 10
Enfrentando los retos nacionales con sentido común

Esta es la sección del libro que ha cambiado más en las últimas semanas mientras pensaba en que mensaje quería enviar a los lectores, tanto como a la comunidad de ciudadanos recientemente naturalizados como a una audiencia más amplia. Lo que comenzó como una simple idea de crear un manual con información básica sobre los Estados Unidos para posibles ciudadanos gradualmente se convirtió en algo de mas cobertura al darme cuenta que era necesario proporcionar un contexto, y de que una vez que este contexto estuviera en pie, el libro seria más efectivo como fuente de referencia si yo tratara sobre los grandes retos que tendremos que enfrentar como país en el futuro. Al pensar en lo que debemos hacer como país para enfrentarlos, y sobre la forma en que todos los ciudadanos pueden contribuir, pensé que sería mejor ir más allá de dar una breve historia de los Estados Unidos y promover una conciencia de la responsabilidad que la gente que llega al país se echa a cuestas. Esto es especialmente cierto ya que muchos de nosotros, y nuestros hijos, jugaran un papel clave en mantener la capacidad de transformación e innovación que los Estados Unidos necesitan tener en un mundo que está cambiando rápidamente.

Hace poco me encontré pensando sobre la situación nacional hoy en día, y sobre el papel del ciudadano promedio en el desarrollo futuro del país. Al hacerlo me di cuenta que una clase que tome recientemente como parte de mi MBA en London Business School y Columbia Business School me dió la forma correcta de evaluar la situación que el país enfrenta hoy en día. La clase me dio un contexto que me ha permitido ver que lo que estamos enfrentando es un situación de rescate y redirección, no diferente de la cual muchas empresas llegan a pasar, y que solamente podremos superarla con el uso de soluciones con sentido común. Mi lógica es la siguiente: Esta renombrada y orgullosa marca (los Estados Unidos) ha pasado por tiempos difíciles, ha gastado largas sumas de dinero en áreas que no le han redituado lo que se esperaba, y como resultado de un mercado cambiante, fuerte competencia y mal manejo, la marca necesita una redirección estratégica urgentemente. Estamos en un punto en el que los acreedores, aunque todavía no tocando a la puerta fuertemente, por lo menos hacen frecuentes visitas a la oficina principal, buscando comentarios que los calmen y les aseguren que su deuda está segura. A pesar de los intentos de calmarlos, es difícil para ellos, y para nosotros como accionistas el no preocuparse sobre lo que el futuro traerá si nos embarcamos en un esfuerzo real para que nuestras cuentas sean positivas.

Esto es especialmente cierto cuando las agencias de evaluación crediticia nos están advirtiendo que cambiemos nuestra dirección. El hacernos sentir mejor a nosotros mismo al decir que los acreedores que nos han prestado tanto dinero estarían en aprietos tanto como nosotros si nos hundimos es una tontería. Pensando así solamente logramos que sigamos simplemente esperando que nos vaya bien, y nos impide enfrentar nuestra realidad fiscal. Mientras este auto engaño continúa, el equipo de administración (el

199

gobierno en el caso nacional) está dividido en dos campos, peleando sobre quien tiene la razón, y desperdiciando tiempo tras puertas cerradas. Para hacer las cosas aun peor, sabemos que la competencia a nuestros productos ha aumentado mucho en años recientes, y que muchos empleos están emigrando a otros países. También estamos bien conscientes que nuestra fuerza laboral esta quedándose atrás de la de otros países en materia de educación y entrenamiento.

¿Cuál es la solución?: Tanto miembros de la fuerza laboral ya veteranos, como aquellos que son nuevos, deben unir fuerzas para presionar a la directiva a que adopten políticas que nos regresen a un crecimiento sostenible. Ya no podemos seguir pidiendo a que el "banco" nos preste más dinero, porque el seguir haciéndolo es seguir engañándonos a nosotros mismos. Se nos está acabando el tiempo, y todo mundo debe de estar dispuesto a aceptar ciertos cambios para que esto pueda funcionar. De una misma manera que en un rescate empresarial, habrá necesidad que la fuerza laboral acepte sacrificios. Las pensiones futuras no podrán seguir siendo como han sido hasta ahora, y una reducción gradual es necesaria; aparte de esto, muchos de las prestaciones y beneficios también tendrán que ser reducidos.

Al equipo administrativo se le deben requerir cuentas de una forma más estricta, y el presente equipo debe presentar un plan con credibilidad para una reducción de la deuda y un retorno a un crecimiento sustentable. Este plan debe ser basado en las realidades del mercado más competitivo que enfrentamos hoy día, y debe tomar en cuenta las

200

deficiencias estructurales que hemos estado permitiendo crecer por años, especialmente en educación laboral y en manufactura. Si un plan así no es presentado, entonces debemos elegir un nuevo equipo directivo.

No es un camino fácil, pero creo que el pueblo estadounidense está siendo subestimado por esos políticos que continúan tratando de minimizar la seriedad de la situación, y ofrecen soluciones simples a los problemas que enfrentamos. Es mejor saber que estamos entrando a una etapa muy difícil, que lo haremos juntos, y que nuestros servidores públicos están poniendo los intereses de los ciudadanos antes que los propios. ¿Qué ganaremos con este sacrificio? Nada es garantizado, pero tal curso de acción nos daría una vez más un país unido tras un objetivo, con las condiciones para poder continuar ofreciendo una oportunidad a todos quienes vivimos en él, y para poder seguir siendo una inspiración a todos quienes desean traer sus talentos aquí. El "turnaround" es posible, pero debemos trabajar juntos para poder hacerlo, siempre teniendo en mente la amenaza a largo plazo contra la estabilidad social y el bienestar de la población en general si no lo hacemos.

Hay muchos temas importantes que debemos enfrentar como país en este momento, pero una lista de los más importantes incluiría los siguientes:

1) Educación

2) Independencia energética

3) Nuestra deuda federal

4) Programas de asistencia del gobierno

5) El sector privado en los Estados Unidos

6) El proceso político

7) La participación ciudadana en la vida cívica

6) El sector salud

7) La tecnología y crecimiento económico

8) El medio ambiente

9) La importancia de la autosuficiencia alimenticia

10) Impuestos

11) Los medios de comunicación

12) La religión y la vida pública

13) El idioma y la comunicación

14) La cultura nacional

Educación: la mejor forma de salir adelante

Más que cualquier otro tema, la educación tiene el potencial de hacer que este país triunfe o se arruine a largo plazo. Los peligros de un creciente abismo de capacitación se han vuelto más claros durante la crisis económica, al darse casos en que hay compañías que no encuentran personal capacitado para las posiciones de alta destreza que desean llenar, al mismo tiempo que hay mucha gente buscando trabajo en el menguante número de posiciones que no requieren una alta capacitación. Así como se necesita un renovado esfuerzo por el sector privado, organizaciones civiles y gobiernos a todo nivel para educar al público sobre la importancia de este tema en nuestro futuro, también debe existir un renovado énfasis de parte de las autoridades educativas estatales en promover entre los estudiantes el estudio de las áreas de aprendizaje que tienen un gran potencial de mejorar nuestras vidas. La ciencia y la tecnología son campos que seguirán siendo fuente de nuevas ideas de cómo transformar nuestro mundo.

Los Estados Unidos deben asegurar su liderazgo en las industrias del futuro, y esto requiere énfasis en ingeniería y ciencias. Si combinamos este conocimiento con cursos que ayudan a desarrollar las habilidades de pensamiento crítico de los estudiantes, tales como los cursos en las artes y humanidades, nuestras instituciones de educación superior podrán graduar gente formada en muchos temas que pueden pensar y adaptarse a condiciones de rápido cambio mejor que aquellos que hayan crecido en el rígido ambiente académico favorecido por muchos de nuestros competidores. La habilidad del sistema educativo de Estados Unidos de ofrecer una educación amplia antes de hacer una especialización más profunda hecha a más alto nivel es una ventaja competitiva que debe ser mantenida.

Tal esfuerzo debe comenzar hoy en día y debe ser hecho desde un temprano nivel de enseñanza. Nuestro sistema educacional debe enfatizar el sólido desarrollo de habilidades en matemáticas, ciencia y pensamiento en general, y asegurarse que modas académicas temporarias no impidan que el maestro enseñe estas materias cruciales de un modo efectivo. La memorización puede no ser aceptada hoy en día por muchos miembros de los círculos académicos, pero nos funcionó bien a todos en la niñez y lo sigue haciendo para los niños hoy día cuando es usada, así que no se puede dejar a un lado, especialmente en matemáticas básicas. Desafortunadamente muchos de nuestros estudiantes, particularmente en comunidades Latinas, no se están graduando con las habilidades necesarias para triunfar en una economía global. El enfoque frecuentemente es en enseñar a los estudiantes el cómo aprobar exámenes, pero no como analizar y resolver problemas, y tampoco en ofrecer programas de aprendizaje.

A un nivel más alto en la trayectoria educacional el país está en mucha mejor condición. Seguimos teniendo el mejor sistema de educación superior del mundo, por mucho, pero debemos asegurarnos que sea financieramente accesible a esos niños que se esfuerzan académicamente para mejorar sus vidas, a pesar de que en muchos casos tienen tanto en contra. Recientes cambios a las políticas de ayuda financiera en muchas de las mejores universidades del país han sido un gran paso en esta dirección, y esfuerzos similares deben ser promovidos en más instituciones. La educación es un área en la cual una inversión constante y bien administrada del gobierno tiene sentido porque ésa inversión reditúa mucho más que la recibida si el dinero se emplea en beneficios de otros tipos, proyectos mal planeados o innecesarios, o en pagos en efectivo que no tienen ningún impacto en la productividad a futuro.

204

Sin importar la carrera que decidan seguir, creo que es necesario para todos nuestros niños, y especialmente para los niños de inmigrantes quienes frecuentemente tienen más dificultad en comprender cuanto pueden cambiar sus vidas con el buen desempeño escolar, el estar conscientes que una buena educación es el camino más fácil para que lleguen a tener éxito en su vida. Los padres deben ser los que repitan este mensaje todos los días: solamente uno en muchos miles se convertirá en una estrella del deporte, y aún menos tendrán éxito como actores, actrices de Hollywood. Desafortunadamente estos son los modelos que muchos niños tienen hoy en día en la cultura pop. El estado de Texas, donde yo vivo, ya está enfrentando una crisis educativa, con muchos niños ni siquiera graduándose de *high school,* y con un porcentaje muy bajo tratando de ir a la universidad. La crisis es especialmente aguda entre niños de hogares inmigrantes sin recursos económicos, a quienes les faltan modelos y quienes frecuentemente deben pelear contra una cultura de indiferencia y hostilidad contra el éxito académico. Esto va a llegar a empeorar durante esta década conforme aumente el número de niños pertenecientes a tan vulnerable población en nuestras escuelas primarias y secundarias. A pesar de la crisis que se avecina, los problemas de presupuesto hoy en día han tenido como resultado que mucho dinero sea cortado del presupuesto estatal, con el área educación sufriendo mucho a consecuencia. Estas decisiones son miopes porque quitan inversión de un área donde más la necesitamos, y porque pueden llevarnos a un estado con más tensión social en el futuro. No es políticamente muy apoyado, y es costoso, pero nuestros líderes, especialmente al nivel estatal, deberían trabajar para incrementar la información entre el público en general para que sepa que todos nosotros, como sociedad, debemos apoyar el esfuerzo de financiar nuestra escuelas de mejor forma. A cambio de este apoyo tenemos el derecho de exigir cuentas claras y eficiencia de parte de las autoridades educacionales.

Autosuficiencia energética

Este es un tema cercano a mi corazón porque mi experiencia profesional ha sido en el sector energético. Ya hemos hablado en la Sección 2 del libro sobre la transformación que está ocurriendo hoy en día en el mundo energético. Aparte de mi propio interés en el tema, se merece extra espacio aquí porque la independencia energética es uno de los temas más importantes para los Estados Unidos hoy en día. Las acciones de nuestro gobierno en éste sector determinaran en mayor parte si el tema energía continuará forzando nuestra mano a jugar en política exterior al mantener al país atado a las decisiones de líderes en países lejanos con sus propios intereses nacionales; o si el sector energético entero se puede convertir en el motor de crecimiento que necesitaremos en los próximos años. No tengo duda que el sector creará muchos trabajos, pero el más grande beneficio provendría de una política energética que le permita al país bajar sus costos de manufactura y servicios gracias a una abundancia de energía de menos costo y proveniente de una fuente doméstica, mucho más segura. Al seguir una política energética más inteligente, que busque bajar los costos de energía, tenemos la oportunidad de establecer a los Estados Unidos a la vanguardia de un cambio macroeconómico que pueda transformar al país primero, y luego al mundo en los siguientes veinticinco años.

Los Estados Unidos obtienen la energía necesaria para su economía de una variedad de fuentes. Como mencioné previamente, el país consume alrededor de 20 millones de barriles de petróleo crudo cada día. También consume alrededor de 2.5 a 3 millones de toneladas de carbón como promedio, de acuerdo con la agencia encargada de mantener estas estadísticas (*Energy Information Administration*, localizada en www.eia.gov). Quemamos alrededor de 66 mil millones de pies cúbicos de gas natural por día. De los 20 millones de barriles de petróleo, alrededor de la mitad se destina a ser refinado para convertirlo en la gasolina que es usada por los automóviles del país.

Podemos empezar a disminuir este número al apoyar los autos eléctricos, y una flota de transporte carretero basada en el gas natural. Ya hay varias compañías, incluyendo algunas norteamericanas, produciendo éstos vehículos. Escucho frecuentemente que los consumidores estadounidenses no adoptarán vehículos eléctricos debido a los límites de distancia que pueden cubrir en una sola carga. Creo que este asunto está exagerado fuera de toda proporción porque la mayoría de la gente que se mueve en auto al trabajo tiene un viaje diario de menos de 50 millas. Si nos hemos acostumbrado a cargar las baterías de nuestros teléfonos celulares todos los días, también lo podremos hacer con automóviles eléctricos al fin del día.

Este proceso será facilitado por esfuerzos privados, ya tomando lugar hoy en día, para crear una red de estaciones de recarga de batería en lugares públicos como estacionamientos y centros comerciales. Además, una vez que el público se dé cuenta de lo que un Medio Oriente más inestable significa para los costos de petróleo, los EVs ("electric vehicles", o vehículos eléctricos) serán más atractivos. Podría yo hacer un argumento pro-medio ambiente, pero estoy aún más interesado en el ángulo de sentido común. Estos vehículos usarían fuentes de energía local para moverse, principalmente el gas natural, que también es usado en muchas plantas generadoras de energía eléctrica. Esta fuente podría ser suplementada con energía solar distribuida, energía eólica, y hasta energía nuclear con los niveles de seguridad correctos. La tecnología para todo esto ya existe, y el costo de insumos continúa bajando conforme se benefician de una economía de escala creada por los crecientes números de usuarios. Si a esto añadimos la disponibilidad de yacimientos de gas natural en depósitos de *shale* (lutita) en muchas partes del país, el cambio más grande en la industria de la energía en varias décadas, tenemos un gran plan para decirle *¡Adiós!* a las importaciones de petróleo que han mantenido al país maniatado por tanto tiempo.

Es claro que un plan que depende de poder seguir encontrando yacimientos de petróleo en países extranjeros como la solución a las necesidades energéticas es miope y nos costará mucho a futuro. Debemos desarrollar recursos dentro de los Estados Unidos. El país tiene el potencial de ser en muchas formas autosuficiente en energía, y el cambiante clima político y económico en todo el mundo lo requiere. El gobierno de los Estados Unidos debería promover las políticas correctas que permitan que el país deje de ser tan vulnerable a *shocks* de oferta externos.

Los recursos de gas natural deben ser explotados en una forma que proteja el medio ambiente, y deben ser puestos a beneficiar el sector de transporte. Los descubrimientos recientes en yacimientos de gas atrapados en roca shale en el país han casi triplicado las reservas de los Estados Unidos, garantizando la disponibilidad para su uso en múltiples nuevas formas. Debemos hacer todo lo posible para desarrollar esta fuente de energía nacional, y crear una economía que sea menos dependiente del petróleo. Esto se puede hacer, podría formar los cimientos de un renacimiento económico en los Estados Unidos durante los siguientes años, y bajar la necesidad de intervenir en las áreas ricas de petróleo del mundo.

La generación eléctrica a través de viento, llamada eólica, es hoy en día la más fácilmente incrementable tecnología renovable, y su tecnología está comprobada globalmente. Los Estados Unidos deben continuar creando las condiciones correctas para su desarrollo. Requiere buen manejo en tiempo real por parte de los operadores del sistema eléctrico, pero ciertamente contribuye a una menor dependencia en combustibles fósiles. La energía solar, especialmente en su forma distribuida en la cual cada techo es generador de energía, tiene el potencial de cambiar el paisaje de energía tremendamente. Hoy día es financieramente factible solamente para individuos o negocios que reciban algún tipo de subsidio, pero el continuo incremento en volúmenes manufacturados en el

209

extranjero está creando una continua baja en los precios que llevará a la tecnología a paridad con el resto del sistema en el futuro. La adopción de la tecnología también requiere una nueva forma de venderla. Lo importante es pensar en la solar como una energía que actúa como una inversión para el dueño de la casa o para el operador comercial. Al reducir la dependencia en unidades de combustible fósil, la energía solar se podría convertir en una parte importante del renacimiento energético nacional.

Hay quienes dicen que la naturaleza intermitente de la energía solar crea problemas. Pero mi respuesta es que un efecto portafolio es posible, con una distribución geográfica en techos de casas creando un patrón de generación mucho más manejable. El gran beneficio de ésta tecnología es que la eficiencia incrementa al ritmo que la demanda de verano, creada por las altas temperaturas, aumenta, de este modo ayudando a resolver el problema de ésos días calurosos en los cuáles es tan difícil poder producir lo suficiente para cubrir la demanda durante horas pico.

La otra forma de salirnos de nuestro problema energético es conservando energía. Mucha gente no lo quiere escuchar, y piensan que es casi comunista el pensar sobre conservación energética, pero eso no es correcto. La mayoría de nosotros puede reducir nuestro consumo algunos puntos porcentuales con tal solo tomar algunas medidas, usando nuestro sentido común. Los inmigrantes a Estados Unidos generalmente venimos de países donde el consumo energético es menor al que vemos aquí. Esta es una forma de pensar de la cual todos aquí nos podemos beneficiar. No solamente tiene sentido financiero al bajar nuestra tarifas, sino que también tiene sentido desde un punto de vista de seguridad nacional porque hace que el público en general contribuya al gol de independencia energética.

Si podemos evitar un millón de barriles al día, que es alrededor de 5% del petróleo que consumimos todos los días, con el uso de autos eléctricos e híbridos, y suponiendo que el barril de petróleo estuviera a $100, esto significaría evitar una transferencia de $100 millones de dólares al día, o $36,500 millones de dólares al año.

Si a esto añadimos el positivo efecto de desarrollar las nuevas tecnologías de manufactura aquí en los Estados Unidos, cuyos productos podrían más tarde ser exportados, podríamos tener un movimiento favorable de la balanza comercial en un momento en que los Estados Unidos necesitan encontrar una forma de crecer que no sea basada en el modelo reciente, tan dependiente de la deuda y los costos de financiamiento baratos.

El iceberg de la deuda federal de los Estados Unidos

Sin embargo, todo este optimismo debe ser frenado con una mirada realista a nuestra situación fiscal nacional, y a su impacto sobre nuestro futuro crecimiento. Los esfuerzos de investigación (R&D) frecuentemente requieren mucha inversión, y cualquier esfuerzo conjunto del sector privado y público requiere de tiempo para dar fruto. Del lado de educación, lleva años para sacar los beneficios de inversiones inteligentes, pero debemos tener la paciencia y visión a futuro para hacerlo.

Para poder hacer cualquiera de estas cosas, nuestros líderes deben establecer nuevas prioridades sobre cómo se deben gastar los fondos del gobierno federal. Los Estados Unidos siempre ha sido un país que mira al futuro, y no podemos permitir que esto cambie precisamente ahora que hay tanta competencia. Generalmente hablando, los cambios requerirán un menor gasto en aquellos programas que no incrementan la capacidad productiva de la nación, hacia áreas que si lo hacen. Tenemos que hacer cambios, y rápidamente, o los mercados financieros nos forzarán a hacerlo de una forma mucho más dolorosa en unos cuantos años. La baja de nivel crediticio del gobierno federal es simplemente un cañonazo enfrente de la proa. La crisis de deuda soberana en Europa es una buen ejemplo de lo que podría pasar aquí. En realidad, a algunos de nuestros estados y municipios se les puede ver del mismo modo. He trabajado en mercados de energía por años y muchas veces he visto el poder corrosivo de las malas noticias y la rapidez con que se puede salir de control una situación una vez que la confianza en una inversión se erosiona. Números disponibles públicamente muestran que casi cinco de cada diez dólares de gasto del gobierno federal son dedicados a tres programas que dan fondos directamente al público, dejando cada vez menos dinero para inversión en infraestructura, innovación y educación que pueden traer beneficios a largo plazo y asegurar que los Estados Unidos permanezcan competitivos en un mundo competitivo.

Es importante que el público entienda la realidad que si las tendencias actuales continúan a futuro, para cuando el último grupo de la generación del Baby Boom haya terminado su retiro, ya no habrá nada para futuras generaciones. Muchos políticos no quieren hablar de ello, por miedo a despertar la ira del más poderoso grupo de votantes del país (ciudadanos mayores de 65 años), pero la realidad es que la presión sobre la población laboral va a ser demasiada como para que no haya una protesta de su parte. Esto va a afectar la habilidad del país de crecer a su máximo ritmo potencial, actuando como un freno, y creando tensión social entre generaciones. ¿Qué debemos hacer entonces?

Primero, debe existir una determinación y compromiso político para atacar el problema de la deuda nacional. Las recomendaciones hechas por la comisión bipartidista al fin del 2010 fueron casi inmediatamente hechas a un lado por miembros de ambos partidos. Esto fue vergonzoso. El documento de la comisión fue el primer intento de hablar sobre la seriedad del problema abiertamente, y aquellos miembros que apoyaron el documento de acuerdo entre ambos bandos deben ser aplaudidos. En cuanto a muchos de los miembros del Congreso, ¿dónde está el liderazgo que sus constituyentes esperan verlos ejercer en materias importantes? Mucha gente prefiere no oír nada sobre cortes a los programas que nos benefician a tantos, y puede que lo quiten de su puesto, pero el liderazgo consiste en enfrentar difíciles decisiones, poniendo el interés nacional primero, y llevando el argumento al público. Aquí hay algunas cosas que deberíamos ver:

Debemos gradualmente incrementar la edad de retiro durante los siguientes veinte años. La gente vive más años hoy día, y continúa siendo productiva por más tiempo, y debemos tener esto en cuenta cuando discutimos la mínima edad para poder sacar beneficios del Seguro Social.

Necesitamos asegurarnos que Social Security y Medicare sean basados en medios de riqueza, para que de este modo el dinero sea gastado en quienes en realidad lo necesitan más, ya que no tienen otra opción. También necesitamos disminuir la tasa de crecimiento de que claramente establezca desde ahora que los beneficios por recibir a futuro serán limitados a montos que la nación pueda pagar. La vigilancia antifraude en Medicare es crucial.

Debemos enfocarnos en la prevención. Esto puede ahorrar grandes cantidades de dinero en tratamientos. A diferencia de aquellos que lo ven como una intervención gubernamental en la esfera privada, yo apoyo los esfuerzos públicos para mejorar la dieta de la población. Están basados en sentido común y son una inversión que paga con creces.

También necesitamos alejarnos de la opinión dogmática de que el alcanzar un presupuesto balanceado se puede hacer sin hacer cambios al lado de recaudación de las cuentas federales. Pero aun si éste es el caso, el cómo lo hagamos determinará si su impacto es positivo o no.

La falta de voluntad de muchos políticos de los dos partidos principales (Demócratas y Republicanos) de enfrentar el difícil asunto de los programas de ayuda del gobierno federal, así como los problemas de gasto discrecional es un mal agüero para el país. El compromiso de la deuda en Julio 2011 nos dio un poco de respiro, pero la repetición de la lucha presupuestal a fines de 2012 nos muestra la dificultad del tema. Solo espero que aquellos con el poder de influenciar el resultado puedan poner al país antes que a sus deseos políticos. Me recuerda de la situación que existía antes de la crisis de 2008, cuando pocas voces trataron de advertir al mundo entero del desastre que se avecinaba, y señalaron las razones por lo que pensaban de esa manera, pero fueron ahogadas por las voces de la mayoría, quienes no creían en el aviso, ya que todo se veía tan bien a primera vista. También me recuerda de un evento que tuvo lugar hace ya más de cien años: el desastre del Titanic.

Así como el capitán del barco y los dueños hicieron caso omiso a las varias advertencias sobre la velocidad a la que el trasatlántico viajaba a través de aguas infestadas de icebergs, teniendo fe ciega en que el buque era "insumergible", así están muchos de nuestros políticos hoy en día, no dispuestos a creer que un desastre fiscal que podría hundir la economía nacional se está creando. Aun aquellos que parecen aceptar que hay un problema estén enfocándose solamente en la parte del iceberg del presupuesto nacional que está arriba del agua, la de los gastos discrecionales sobre la cual tienen más control inmediato, e ignoran la parte del iceberg que queda bajo el agua, la de los programas de ayuda de gobierno comúnmente conocidos como entitlements. En suma, muchos de nuestros servidores públicos están más preocupados en ganar la siguiente elección, que en hacer

215

los difíciles, pero necesariamente prudentes decisiones para asegurar la salud fiscal a largo plazo del país.

Esta discusión, de la cual el reciente circo en 2012-2013 sobre el límite de la deuda nacional solamente fue simplemente el segundo acto, se debe enfocar sobre la necesidad de dejar de depender en la posición privilegiada de los Estados Unidos de poder emitir bonos de deuda gubernamental sin tener que pagar mucho interés ya que muchos inversionistas alrededor del mundo desean tenerlos. Se me hace interesante que cuando le comento esta situación a mucha gente que ha llegado de otros países con problemas de deuda y se han naturalizado ciudadanos aquí generalmente expresan su asombro de ver que el gobierno federal del país más rico del mundo esté tan dispuesto a gastar más allá de sus medios. Bien conscientes de que sus hijos irán a la escuela, tendrán a sus propias familias en los Estados Unidos, y que algún día estarán a cargo de los destinos del país, muchos opinan que el evitar la crisis fiscal es una responsabilidad compartida en todos los segmentos de la sociedad.

Con un ojo al futuro que nuestros hijos heredaran, asegurémonos en hacer todo lo que tengamos que hacer para poder dejar al país en una posición que le permita tomar máxima ventaja de sus recursos naturales y de la inteligencia y creatividad de su gente. Demandemos que nuestros servidores públicos dejen de jugar ruleta rusa con el futuro fiscal de la nación, y que en lugar de discutir cosas de limitada importancia como el límite de deuda pasen a la discusión verdaderamente importante, de cómo reducir la deuda y crear una base para crecer la economía nacional.

Programas de apoyo del gobierno ("Entitlements")

Como lo mencioné antes, los programas de apoyo federales son programas que transfieren fondos directamente del gobierno a individuos, o que otorgan servicios directamente o indirectamente. El tema de estos programas está relacionado con el del sector salud. Social Security, Medicare, Medicaid y estampas (WIC program= para comida son todos ejemplos de éstos programas. Los programas fueron resultado de la legislación creada durante la Gran Depresión de los 1930s y durante el programa de la "Gran Sociedad" del presidente Johnson en los 1960s. En los años desde que empezaron éstos programas, se han convertido en una gran parte del gasto federal, y su porcentaje del gasto total continúa aumentando. El problema que enfrentamos es que estos programas, tan importantes y necesarios para tantos millones, tienen un costo real que sigue aumentando. Este dinero debe llegar de alguna parte, y hoy en día una creciente porción está siendo financiada a través de la emisión de bonos de gobierno, hundiéndonos más en la deuda. A pesar de que es comprada por muchos inversionistas en todo el mundo, incluyendo fondos soberanos de otros países e inversionistas privados, parte de esta deuda también ha tenido que ser comprada por nuestra propia Reserva Federal a través del programa de "Quantitative Easing" que se está llevando a cabo por tres años ya.

217

Esta dependencia en el financiamiento por deuda es un problema muy serio ya que amenaza imponer limitaciones en la soberanía de los Estados Unidos. Con esto en mente, es fácil ver que la actual tasa de crecimiento de los programas de ayuda no es sostenible, y que tenemos que enfrentar el problema ahora. El público tendrá que aceptar que hay un límite a los gastos del gobierno. En realidad, mucha gente ya llegó a esta conclusión y esto es lo que está avivando el debate político actual. Muchos políticos prefieren no hablar de ellos, pero es necesario tomar el toro por los cuernos ahora, prometer menos a futuras generaciones, y al mismo tiempo reducir el crecimiento de los costos actuales.

Aparte de la amenaza a la soberanía que esta situación crea, se debe ver de cerca este asunto de los programas de apoyo con fin de evitar un conflicto generacional que podría tener lugar en las siguientes dos décadas entre aquellos que con su trabajo apoyan los programas, y el creciente número de ciudadanos mayores que usarán los fondos, muchos de ellos no dispuestos a adaptarse a la nueva realidad. Esto es motivo de preocupación porque el poder político todavía está en manos de este segundo grupo, la gente de mayor edad. Políticos irresponsables pueden avivar sus miedos y ansiedades fácilmente, teniendo como resultado malas decisiones con consecuencias a largo plazo.

El mito del inmigrante que busca vivir del gobierno puede ser borrado al asegurarse que la mayoría de la gente que viene a los Estados Unidos cada año tenga una habilidad mayor que la promedio, demostrada a través de su educación o su capacidad de inversión, para contribuir al crecimiento económico de la nación. Aquellos trabajadores que no entren dentro de estas categorías, y que vinieran aquí a través de un programa de empleo temporario, como el usado en los 1950s, deberían gozar de seguro médico cubierto por las compañías que se quieran beneficiar de su mano de obra más barata. Los proyectos de acuerdo sobre la inmigración en marcha hoy día se enfocan en asegurarse precisamente que la legalización de millones de indocumentados no implique un costo extra para el gobierno.

Los Estados Unidos siguen abiertos para hacer negocios

La buena noticia es que los recién llegados a los Estados Unidos, o aquellos que están esperando venir a los Estados Unidos, encontrarán un país donde el avance económico todavía es posible. La movilidad social sigue existiendo, a pesar del impacto que ha sufrido durante las últimas décadas y de los problemas económicos actuales. Mucha gente todavía emigra a los Estados Unidos, cursan sus estudios aquí, y destacan en su carrera. Otros abren pequeños negocios que crecen con el tiempo, permitiéndoles a ellos y a sus familias el alcanzar el *Sueño Americano*, y en algunos casos convertirse en grandes historias de éxito. Esto no es un cliché, sigue ocurriendo en todo el país, aunque la prensa a veces diga lo contrario. Yo lo veo ocurrir a mí alrededor en el área metropolitana de Houston. Si este esfuerzo es complementado con

219

asegurarse que nuestros hijos tengan un buen desempeño en la escuela, las probabilidades de éxito a largo plazo aumentan aun más.

La tradicional actitud de que todo es posible, y el deseo de salir adelante siguen siendo características nacionales en este país, aunque hayan sido afectadas por la vida confortable que el progreso material y los bienes de consumo baratos nos han traído. Sin embargo, parte del hambre por crecer y avanzar, y la fe en la habilidad norteamericana de sobrepasar todo obstáculo parece estar faltando, y esto debe cambiar si queremos ser competitivos a largo plazo.

Mi opinión sobre la importancia de este tema de fe en la capacidad del país fue reforzada durante un viaje que hice a China. Las dos semanas que pasé allá en Noviembre del 2010 tuvieron gran influencia sobre my forma de pensar de la situación actual. Vi a un país que se ha impulsado a través de varios niveles de desarrollo en apenas dos generaciones, y que ha sacado a cientos de millones de gentes de la pobreza como resultado del esfuerzo. Hablando con gente de negocios y con ciudadanos en varias ocupaciones, me dí cuenta de un hambre prevaleciente en los negocios y en la sociedad en general, muy similar a la que los Estados Unidos han tenido a través de su historia. Los edificios en Shanghái, la actitud de la gente de que todo es posible, y la voluntad política para tomar las necesarias decisiones para impulsar el desarrollo a largo plazo me recordaron como el mundo se está volviendo un mundo multipolar en el que la competencia por los empleos será muy fuerte, como lo estamos viendo con la falta de empleos durante el actual "repunte", que no se ha parecido a ninguno anterior en este aspecto.

Si los Estados Unidos quieren mantener una economía sana que continúe creciendo e incrementando los estándares de vida, el gobierno federal necesita trabajar junto con el sector privado, y los gobiernos estatales deben apoyar la educación para crear las condiciones que nos permitan enfrentar los retos competitivos. Debemos detener el crecimiento de los programas gubernamentales y redirigir el gato discrecional a esas áreas que nos permitan incrementar nuestra capacidad de producir bienes y servicios en el futuro. No tendremos un gobierno efectivo si un creciente porcentaje de los gastos federales se van en pagar interés de la deuda nacional. Eso es exactamente lo que les pasó a varios países latinoamericanos en los 1970s y 1980s, con nefastas consecuencias. Si vemos a las dos economías más grandes del mundo es claro que el reto para China llegara en el día no muy lejano en que el crecimiento baje y el gobierno tenga que enfrentar a una población que pone más atención al precio económico y de medio ambiente que han tenido que pagar durante las varias décadas pasadas. Tal reto esta apenas ahora convirtiéndose en un asunto serio para China. Por contraste, nuestro reto está ya aquí y ahora, y consiste principalmente en vivir dentro de nuestros medios, educar a nuestro país que tan rápidamente está cambiando, y hacerlo de una forma que permita a generaciones futuras disfrutar los beneficios que el crecimiento sostenible conlleva.

En un momento en que la relación entre el gran capital y el gobierno es a veces demasiado cercana para ser sana, es

221

importante recordar que los pequeños y medianos negocios generan la mayoría del empleo en este país. Estos negocios crean empleos en una forma que pagos directos del gobierno nunca lo han hecho, y nunca lo harán. La Gran Recesión ha tenido un efecto negativo en la opinión que la persona promedio tiene sobre el mundo de negocios, y hay quienes cuestionan el mismo sistema capitalista. Esto es algo que debe preocuparnos. No nos alejemos de un sistema que ha servido al país bien por más de dos siglos. No podemos permitir que esta situación afecte al sueño tradicional en este país de tener un propio negocio, tomar riesgos, y crear oportunidades como empresario, porque estas son las bases para la creación de cientos de miles de negocios que forman la espina dorsal de la economía nacional. Los recién llegados al país, con su alta tolerancia al riesgo (dejaron todo atrás para venir a un futuro incierto, después de todo) y su voluntad de triunfar, son frecuentemente los creadores de empleo y crecimiento a través de sus pequeños negocios. Esto debe ser impulsado y apoyado con facilidad de crédito apoyada por el gobierno.

Sí hay casos en los que una política gubernamental bien enfocada tiene sentido. La verdad es que el gobierno federal ha tenido una tremenda intervención en la economía a través de su apoyo al mercado de bienes raíces, que ya lleva muchas décadas. Facilitar el crédito a empresarios en realidad tiene más sentido que continuar haciéndolo con un mercado de bienes raíces que creció sin parar durante la última década y media, y cuya reforma realmente ayudaría a balancear el presupuesto federal.

Es necesario que el público, a través de organizaciones del sector privado que representen a industrias enteras, continúe siendo informado sobre su contribución a la economía de libre mercado con la cual el país ha crecido. Esto ayudaría a luchar contra aquellos que ven el aislar a los Estados Unidos del comercio mundial como una fácil solución. Aunque esta idea sea tan popular en ciertos círculos hoy día que la economía está pasando por dificultades esto sería un grave error ya que los exportadores tienen mucho a ganar de la revolución energética que les está dando costos más bajos para poder manufacturar bienes que puedan ser vendidos a todo el mundo.

El proceso político

La política estadounidense siempre ha estado repleta de personalidades interesantes y características únicas que han sido resultado de la historia del país. Sin embargo, la democracia en los Estados Unidos está pasando por una prueba que parece estar destinada a continuar por algún tiempo. El público vota menos que antes. El cinismo sobre la política es alto. Muchos ciudadanos con gran capacidad e inteligencia no están dispuestos a entrar al servicio público debido a la política de destrucción personal practicada hoy en día, y a la desilusión con la forma en que muchos servidores públicos eligen hacer decisiones basadas en dogma, y no en pragmatismo. Todo esto es dañino al país, ya que nos deja con menos gente dispuesta a considerar el servicio público.

Hay indicaciones favorables en el aspecto de participación política. Una variedad de personas han entrado a la política a todos los niveles, con el expreso objetivo de crear un cambio. Muchas de estas figuras son controversiales, y hay veces que no están bien informadas o sus métodos no son necesariamente beneficiales para el proceso político, pero no hay duda que hay más actividad basada en convicción política que en muchos años.

Sin embargo, debe haber mayor participación de gente de todos los sectores del ámbito político, especialmente de los moderados que están dispuestos a poner al país antes que a la ideología. Así como muchos ciudadanos nacidos aquí han decidido entrar a la política, los ciudadanos naturalizados deben también participar en decidir el destino nacional. Independientemente de si uno está de acuerdo con sus puntos de vista o no, la ex Secretaria de Estado Madeleine Albright es un gran ejemplo de alguien quien está consciente de cuanto le debe a su país adoptivo, y ha decidido pagar a través del servicio público. Hay muchas otras personas, menos conocidas o anónimas, haciendo un servicio similar en el nivel estatal y local y muchos de ellos tiene el potencial de emularlos.

Una de las mayores amenazas a nuestro sistema político hoy día es la facilidad con la que el dinero influencía nuestras elecciones, y los intentos bien calculados de grupos de ambos lados de hacerlo. Estas acciones son dañinas a nuestra democracia porque resultan en decisiones que apoyan los intereses de los pocos, frecuentemente a expensas del público en general. Loables esfuerzos bipartidistas se hicieron a principios de la década pasada, pero han sido anulados recientemente. Debido a cambios en las leyes que rigen las contribuciones a campañas políticas, nuestra próxima elección presidencial promete ser la más cara de todos los tiempos. También será la más expuesta a la influencia del cabildeo de quienes tienen su propia agenda. Esto es un asunto que debemos seguir muy de cerca, ya que amenaza a convertir a la democracia norteamericana en algo que es similar a lo que pasa en otros países, en los cuales la influencia de ciertos grupos es una burla contra la democracia, y donde los puestos políticos son exclusivos para los ricos y los que tienen buenas contactos políticos.

Sobre la participación ciudadana

Creo sinceramente que la gran mayoría de los inmigrantes aprecian las oportunidades que tienen en los Estados Unidos. La caricatura del inmigrante que busca vivir del gobierno, tan fácilmente explotada durante periodos de dificultad económica, no es representativa de la mayoría de la gente que llega a estas tierras. La mayoría de ellos están dispuestos a trabajar duro para construirse una nueva vida, obtener un empleo decente, e integrarse a su nuevo país. Muchos han esperado mucho tiempo para poder hacerlo. Mientras que es cierto que el no saber navegar en la vida diaria en los Estados Unidos, o la falta de información, hacen que sea difícil hacerlo para los padres de primera generación, la gran mayoría de ellos quieren que sus hijos crezcan como estadounidenses, inmersos en la cultura y con mejores oportunidades. Pero también tengo la

225

convicción de que aquellos que no están de acuerdo en esta necesidad de integrarse no deberían venir. No se puede tener un país en el cual haya gente que quiera vivir en enclaves, sin estar dispuestos a unirse al país al que llegaron.

Para evitar tales problemas, el proceso de aplicar para ciudadanía se debería enfocar más en la educación de la persona, y en su capacidad de contribuir al crecimiento económico, cultural y político del país. Hay muchos que lo hacen, pero también hay muchos que, por falta de oportunidad en sus países de origen, por falta de tiempo a causa de tener que trabajar tanto una vez que llegan aquí, o por falta de ayuda por parte de quienes llegaron antes, no han participado en la vida cívica aun después de residir como ciudadanos por años. Influenciados por las culturas políticas de los países que dejaron atrás, muchos de ellos todavía creen que el esfuerzo individual no vale nada, y no creen en su poder de cambiar el destino del país. Esto es una opinión totalmente errónea, y es importante recalcar a cada clase de nuevos ciudadanos que el poder real en este país está en el pueblo.

Así como ha habido mandatos estatales para mínimo conocimiento a cada nivel escolar, el gobierno federal debería incorporar esta idea como parte de un currículo oficial que cada nuevo ciudadano debe aprender. Esto es ir más allá de cien preguntas fáciles, que solamente establecen un nivel mínimo de conocimiento, y no hacen nada para promover la participación. Dada la influencia que los inmigrantes seguirán teniendo en el crecimiento del país, algo que es apoyado por los números del censo de

2010, el bienestar futuro de la nación depende en gran parte en hacer esto correctamente.

El conocimiento de la historia y geografía de los Estados Unidos, del lugar que ocupa el país en el mundo, y de la responsabilidad ciudadana, eran temas antes promovidos y enseñados en las escuelas del país, pero cambios en el contenido didáctico han hecho que hoy reciban menos atención. Esto está creando una generación de niños que saben poco de la historia de su país. El enfoque se ha volcado a asegurarse que los estudiantes pasen un examen, y a graduarlos sin importar que tengan o no las bases necesarias para seguir a un nivel de educación más alto y contribuir a la sociedad. Con un entendimiento claro de su papel como un joven ciudadano, aun antes de poder votar, cualquier persona puede tener un efecto más grande sobre su comunidad y hacerla un mejor lugar al participar en actividades que la mejoren. Esta participación va a ser sumamente importante en una nueva situación en la cual el gobierno a todo nivel no tendrá el dinero para enfrentar todo problema.

El tema de la participación en la vida cívica es grandemente influenciado por el nivel de responsabilidad personal que la gente tome. Hay quienes no tocan el tema de responsabilidad personal porque lo ven como un ataque en aquellos quienes toman malas decisiones con sus vidas, pero no se puede negar que todos tenemos libre albedrío, y con ello la libertad para escoger nuestro camino en la vida. Todos tomamos buenas decisiones, y todos nos equivocamos; lo que importa más es cómo enfrentamos las consecuencias. Es la suma de estas decisiones lo que determina nuestro éxito en la vida, cuánto contribuimos a nuestras comunidades, y por extensión, al país en el que vivimos. Las decisiones hechas en el nivel micro de nuestro hogar influencían la dirección del país entero. En resumen, las acciones individuales importan más que cualquier otra cosa, y no hay nada que el gobierno pueda hacer para cambiar la realidad de que nosotros somos quienes tenemos el control.

La participación en nuestras comunidades, combinada con fondos privados, puede ofrecer soluciones para muchos de los problemas que nuestras comunidades enfrentan, y en el importante caso de la educación pueden tener un impacto de toda la vida en aquellos estudiantes que están en peligro de no alcanzar su potencial. Aquí en el área de Houston yo trabajo con un dedicado grupo de voluntarios con un gol común de ayudar a niños de hogares sin recursos a ir a la universidad. La organización, llamada **DiscoverU** *(encuéntrela en* www.discoverus.org*)*, hace esto al impulsar y ayudar a los estudiantes a aplicar a seminarios de verano en liderazgo y aprendizaje sobre áreas profesionales. Nos apoyamos en organizaciones filantrópicas, en corporaciones y en individuos para los fondos necesarios. El participar en tales programas de preparación pre universitaria es normal para muchos jóvenes de clase media alta cuyos padres saben el valor de estas experiencias, pero esto no es algo a lo que estudiantes que vienen de hogares de bajo nivel socioeconómico normalmente tengan acceso. La gran mayoría no tienen el dinero suficiente para hacerlo, y en muchos casos los padres no están conscientes de la importancia de una experiencia así a esa edad. Pero el lanzar a estos jóvenes en estos viajes de descubrimiento puede cambiar su vida. Al trabajar en recaudar fondos y educar a los padres estamos haciendo una pequeña marca en futuras generaciones a través de una gran combinación entre el sector privado y ciudadanos que proponemos expandir gradualmente en Houston. Este es el tipo de participación que puede beneficiar al país y que es tan necesario para poder demostrar el poder de cambio social de la cooperación entre el sector privado, las organizaciones filantrópicas del país, e individuos dedicados a causas de valor cívico.

Los recién llegados tienen una responsabilidad personal similar a la de aquellos nacidos en Estados Unidos o ya establecidos aquí, de asegurarse que el *Sueño Americano* continúe. En su gran parte es el progreso creado por este sentimiento de responsabilidad compartida, combinado con las acciones del gobierno, lo que ha hecho que el país prospere. El énfasis en la responsabilidad personal debería idealmente empezar en el hogar, pero dadas las condiciones sociales en muchas de las áreas en las que más hace falta, el esfuerzo también debe ser tomado por nuestras escuelas. Necesitamos tomar responsabilidad por nuestro bienestar, enseñar a nuestros hijos a hacerlo, y no esperar que el gobierno resuelva todos nuestros problemas. Se está convirtiendo en algo muy claro el que nuestros gobiernos tienen recursos finitos, y que si no hacemos nada al respecto, la situación fiscal del país empeorará al incrementarse los costos de programas de apoyo, dejando menos dinero para el gasto discrecional. Esto incrementa la necesidad de participación ciudadana de muchas formas.

La participación comunitaria es una forma de asegurarnos que nuestras comunidades sobrelleven los retos que enfrentamos sin sufrir una ruptura social. Esta participación es clave para el desarrollo del ciudadano, y es una forma de garantizar que las decisiones que impactan nuestras vidas sean influenciadas por nosotros y por nuestros vecinos. Los ciudadanos estadounidenses participan en su democracia responsablemente al servir en un jurado o votar en una elección federal. Ambas son *responsabilidades* reservadas para ciudadanos. También lo hacen al ayudar en campañas políticas, al unirse a partidos políticos, grupos cívicos y comunitarios. Otros ejemplos de tal participación lo son el contactar a sus representantes para compartir sus opiniones sobre los temas, al escribir a periódicos, y al apoyar o atacar políticas específicas.

Es muy importante aprender cómo funciona el gobierno local, y aprender cómo vive la gente en nuestro alrededor. En un país que hoy día tiene la mayor diversidad étnica y cultural en décadas hay una gran necesidad de trabajar juntos para lograr goles comunes. Algunos dirán "pero yo no soy político"; no importa, la mayoría de la gente no son políticos. Este compromiso a ayudar a la comunidad no tiene que ser necesariamente compromiso político para muchos, aunque debe decirse que el servicio público es una de las mejores formas de participar en la vida de nuestras comunidades e influenciar las decisiones que las autoridades toman. Hablando de este tema, es importante recordar que solamente los ciudadanos tienen el derecho a votar en elecciones federales y postularse a un cargo político federal.

Organizaciones como los *Boy Scouts* y *Girl Scouts* son grandes ejemplos de una forma en que padres e hijos pueden trabajar juntos y desarrollar un sentido de responsabilidad cívica. Para aquellos que tengan el interés, el participar en el gobierno local es también una forma de ganar influencia en las decisiones, y adquirir conocimiento de cómo funciona nuestra democracia. Todo esto crea un sentimiento de goles comunes y permite que los ciudadanos desempeñemos funciones que de otra forma no se harían, o que tendrían que ser hechas por un gobierno que está hoy en día teniendo que ajustarse a una nueva realidad.

El sector salud

Este se ha convertido en uno de los temas que causan más polarización en la política estadounidense. La tremenda escala de los problemas que el país enfrenta en este sector y los esfuerzos de la presente administración en cambiar el panorama garantizan que continuará siendo un campo de batalla. Los Estados Unidos históricamente no han ofrecido un sistema de salud universal a todos sus ciudadanos. Con el sistema vigente por muchos años, instituido a través de leyes aprobadas durante la Segunda Guerra Mundial, los trabajadores obtienen su seguro médico a través de sus empresas, y a cambio, éstas reciben ventajas en materia de impuestos. Funciona bien si uno está empleado, pero si uno está desempleado y se enferma, el sistema no funciona. Esto se ha vuelto claro para más gente en años recientes, ya que tantos han perdido su empleo.

Es claro que el sistema que existía se debía de modificar; el decir que todo estaba bien es el ignorar el tremendo incremento de costo anual y la falta de cobertura de un gran segmento de la población. Sin embargo, al aprobar la reforma de salud de 2010 sin tratar de reducir costos en otras áreas, la administración del Presidente Obama impulsó un programa que corre el peligro de crear una burocracia que podría resultar en mayor gasto federal. Sí creo en el beneficio nacional que se obtiene al tratar de tener cobertura para aquellos que no la pueden pagar. Tiene sentido para el país a largo plazo, e impulsado por mi fe lo veo como una responsabilidad moral. Es algo que otros países logran hacer, y lo logran gastando un menor porcentaje de su Producto Nacional Bruto en el sector salud. Sin embargo, la aprobación de la ley federal de salud *Patient Protection and Affordable Care Act* (Acta de Protección al Paciente y Cuidado de Salud Accesible) de 2010, llamada por sus críticos "Obamacare", y la validación de su constitucionalidad por la Suprema Corte de los Estados Unidos en 2012 ha creado un difícil reto para que el gobierno federal trabaje con los gobiernos estatales con el objetivo de implementarla de la forma más eficaz posible para cada estado. No es una situación ideal, pero es la ley de la nación ahora y el objetivo en cada estado debe ser ponerla en marcha para tratar de otorgar el máximo beneficio posible, dentro de las limitaciones que hay.

Una sociedad tecnológica

La tecnología ha cambiado nuestras vidas tremendamente durante los últimos cien años, y el ritmo se acelerará en años próximos en varias áreas de conocimiento. Las comunicaciones son una de las áreas donde podemos ver el cambio más fácilmente porque tiene un impacto inmediato sobre nuestra vida diaria. Todos tenemos un enlace telefónico que antes, hace tan solo quince años, era imposible. Cualquiera de nosotros puede, a través de la magia del internet, hacer un comentario que puede ser leído por gente en todo el mundo. Esto nos ha acercado los unos a los otros, y nos ha permito mantener, renovar y fortalecer nuestras relaciones en una forma que no era posible en el pasado. La forma en que nos relacionamos unos con otros, y hacemos negocios entre nosotros, continuará cambiando con el uso de la tecnología, permitiendo una mayor productividad a través de un mejor flujo de información. Estas nuevas tecnologías de comunicación están haciendo nuestra democracia más participativa, y su potencial de uso por parte de organizaciones cívicas es muy grande.

La evolución del internet ha sido sorprendente. Hace veinte años la forma de adquirir una gran fuente de conocimiento era comprar una enciclopedia. Estas fantásticas obras llegaban a costar hasta varios miles de dólares, y mucha gente no podía comprarlas. Con el uso del internet, cualquiera con una conexión a internet puede hacer una investigación, informarse y aprender fácilmente, y niños cuyos padres no tienen medios económicos pueden tener acceso a mucha más información sin costo.

Los desarrollos en las telecomunicaciones móviles nos confirman que lo que hemos visto es apenas la punta del iceberg. La capacidad de comunicarnos unos a otros mientras estamos en movimiento, el intercambio de ideas, y el acceso a la información tiene el potencial de enriquecer nuestras vidas en una forma tan profunda como la que vimos cuando se empezó a usar el transporte motorizado y la electricidad hace poco más de un siglo.

La tecnología que se está desarrollando también traerá retos, algunos de los cuales ya empezamos a ver. Habrá cuestiones éticas y morales que tendremos que enfrentar. En otro ejemplo de tales retos, las redes sociales y los juegos en los que participan muchas personas a través del internet están substituyendo el contacto frente a frente. Es demasiado temprano para ver que tan dañino puede ser el efecto, pero a primera vista es claro que esta dependencia en un mundo electrónico puede tener un efecto nocivo en la capacidad de las personas de trabajar colaborando unos con otros. Esto va a crear nuevos retos para las compañías a futuro, el día que lleguen a la fuerza laboral los niños y adolescentes creciendo en este mundo interconectado. Canalizado correctamente puede crear gran eficiencia siempre y cuando no se pierda la capacidad de interactuar frente a frente.

Hay otras áreas muy emocionantes que pueden cambiar nuestras vidas a futuro. Las tecnologías de energía aplicadas a gran escala y con una mentalidad a largo plazo podrían cambiar nuestras vidas tanto como las computadoras lo hicieron. La investigación y el descubrimiento en nanotecnologías podría ejercer un efecto

234

transformador en nuestra sociedad también. El liderazgo estadounidense en todas estas áreas será esencial, y una discusión nacional efectiva guiada por líderes de los sectores público y privado es necesaria para poder hacerlas la base de un renacimiento de los Estados Unidos.

El medio ambiente

Como nación, hemos hecho gran progreso en recientes décadas al crecer nuestra economía sin sacrificar el medio ambiente en la forma en que se hizo en el pasado. Así es como se está haciendo en muchos otros países, y sus poblaciones pagarán el precio en años futuros. Los últimos cuarenta años han sido el periodo durante el cual se han aprobado una serie de leyes en el país que nos han permitido crecer sin destruir nuestro medio ambiente, y esto ha resultado en un país más limpio. Creo que somos guardianes de la Tierra, y que debemos de mantener eso bien claro cuando hagamos decisiones que impactan a la naturaleza. Esto no es una política anti-crecimiento, como algunos dirían inmediatamente; es una visión pro-crecimiento inteligente. Los Estados Unidos fueron un país pionero en conservación, y debemos seguir valorando nuestras bellezas naturales como un recurso para generaciones futuras. Tenemos mucho a ganar como nación a través del inteligente manejo de recursos naturales, especialmente agua, y a través de la cooperación con otros países en el manejo de los recursos marinos, los bosques y el aire que respiramos.

En un momento en que el crecimiento económico es muy importante, debemos ir más allá de la opinión miope que sostiene que podemos explotar nuestros recursos naturales sin pensar en las consecuencias de su mal manejo, y debemos aplicar la presión necesaria para asegurarnos que la industria siga los lineamientos sobre la calidad de agua y aire establecidos por ley estatales y federales que tienen el propósito de proteger y mantener limpios el aire y el agua. Al contrario de lo que muchos piensan en estos días en los que el cuidado del medio ambiente es visto por algunas gentes como una sobre regulación gubernamental, es importante recordar que varias de las más importante leyes para asegurarnos que tengamos agua y aire limpios fueron aprobadas durante administraciones Republicanas. Esto demuestra que el crecimiento con las apropiadas restricciones no pertenece a ningún partido político y que lo único que se necesita es estar dispuesto a balancear las demandas de diferentes segmentos de la sociedad. Esto será especialmente importante a futuro, ya que más exploración y explotación de energía en los Estados Unidos podría poner presión sobre recursos en ciertas áreas, y aumentara la necesidad de reciclaje y purificación efectivos para que el público siga apoyando a las industrias extractivas.

Los Estados Unidos tienen la capacidad tecnológica, el capital de riesgo disponible, y un mercado nacional muy grande para crecer en una forma que genere nuevos trabajos y sea un ejemplo para otros. El manejo responsable por parte del sector privado es el mejor antídoto contra los ataque políticos encaminados a oponerse a la independencia energética

Seguridad alimenticia

Los Estados Unidos, igual que la mayoría de los países del mundo, forman parte de un sistema internacional de comercio de granos y otros alimentos. El rápido y libre flujo de estos bienes es absolutamente necesario para que el sistema de interdependencia sirva. El sistema se ha expandido en las últimas tres décadas, pero ahora enfrenta retos que requerirán que seamos cuidadosos en nuestra dependencia sobre su buen funcionamiento. El efecto de muchos nuevos consumidores de alimentos en Asia ha creado una presión a la alza sobre los precios. El consumidor de nueva clase media en muchos países Asiáticos busca mejorar su dieta conforme incrementa su poder adquisitivo y esto ha resultado en un rápido incremento del consumo de trigo, pescado, soya y otras cosas. Esto está dejando al sistema más vulnerable a los inevitables shocks de oferta que afectan a muchos mercados, y en casos extremos esto se puede convertir en un problema de seguridad nacional. Pero afortunadamente esto es prevenible. Los Estados Unidos deben tener una política a largo plazo sobre el tema, y reformar su industria agrícola para asegurarse que lo que se plante sea usado para comida y no para combustibles. El periodo 2007 a 2008 ya nos dió una idea de lo que puede pasar cuando los precios de comida explotan. El período 2011 a 2012 volvió a recordárnoslo, al subir ciertos precios agrícolas a niveles aun más altos. Esto ha creado un problema en un momento que la gente está con presiones de desempleo o de ingresos limitados. Pero esta presión no va a desaparecer. El incremento de población y de ingresos en países en desarrollo seguirá siendo motivo para que continúe, y hay que seguir políticas nacionales que disminuyan esa presión no que la aumenten al convertir grano en combustible, como es el caso con el etanol.

Impuestos

Benjamín Franklin dijo una vez que las únicas dos cosas sobre las que se podía tener certidumbre en la vida eran la muerte, y los impuestos. Desafortunadamente esto se ha convertido cada vez más cierto conforme el estado ha tomado un papel más activo en la vida norteamericana durante los últimos cien años. El 15 de Abril, el último día para entregar al gobierno federal las formas de ingresos e impuestos para el año anterior, es una fecha de la cual todo mundo está bien informado. El presente estado de las finanzas federales va casi con certeza a requerir mas recaudación de fondos, aunados a cortes presupuestales reales y profundos, para llevar al país una vez más a un curso que ofrezca crecimiento sostenible. El status de divisa de reserva del dólar, y la destrucción a cámara lenta de la Unión Monetaria Europea desde 2009 ha salvado a los Estados Unidos de tener que enfrentar un ataque sobre el dólar a manos de los mercados cambiarios. Sin embargo, eventos recientes en ambos lados del Atlántico nos muestran que el déficit fiscal debe ser enfrentado cara a cara. En lugar de irse sobre aumentos de impuestos basados en ingresos, nuestros líderes deberían de tener como gol un sistema de recaudación de impuestos más efectivo.

Un impacto inmediato sería posible si se aumentara la base recaudatoria, se mantuvieran las tasas de impuestos a un nivel razonable para todos los contribuyentes, y muy importante, se instituyera un impuesto al valor agregado sobre el consumo. Esto impulsaría el ahorro, permitiendo que individuos lo puedan invertir en creación de negocios, o en inversión en otros negocios a través de la compra de valores. Hemos probado lo que es tener una sociedad basada en la deuda y el consumo desenfrenado, y no salieron muy bien las cosas. Tenemos la oportunidad de crear una sociedad que se beneficia de una tasa de ahorros más alta e inversión a largo plazo en los factores de producción. La podemos lograr si simplificamos el código nacional de impuestos, que en su presente forma está lleno de favores a intereses especiales en forma de créditos sobre impuestos. El cambio no será fácil, pero a largo plazo los beneficios serian muy grandes, ya que un cambio así aseguraría que la responsabilidad de ingresos al tesoro nacional fuera distribuida entre todos los segmentos de la población.

El papel de los medios de comunicación

Aparte de sus familiares cercanos y amigos, la mayoría de las personas en este país usan los medios modernos de comunicación, en todas sus formas, para estar al tanto de lo que pasa e intercambiar ideas. Los Estados Unidos tienen una gran variedad de medios en los cuales la cobertura y el comentario de cualquier tema imaginable son completos. En el caso de cobertura de temas políticos, filosofías políticas de extrema derecha a extrema izquierda se manifiestan en la opinión pública, dando a la audiencia una infinita oportunidad de oír todos los argumentos sobre cualquier tema.

Un buen ejemplo, aunque controversial, es el de PBS y NPR, quienes en su tendencia a ofrecer profundo análisis o a discutir los varios matices de un tema son completamente opuestos a muchos de nuestros más conocidos comentaristas de radio y televisión. Se puede tener desacuerdos con su cobertura, pero creo que es peligroso y dañino el promover la opinión de que el conocimiento cultural y el aprendizaje que estos canales promueven son pasatiempos elitistas. Es aun más peligroso promover la idea de que un buen conocimiento cultural, y de varios puntos de vista, no crea ventajas y ayuda al éxito en cualquier camino de la vida.

Este tipo de medios llenan una función que es importante para la vida cultural del país. Le permiten a la audiencia disfrutar de programas culturales que muchas organizaciones comerciales no incluyen en su programación porque no encajan dentro de lo que ellas perciben como el tipo de contenido que el mercado pide.

Uno no puede quejarse del declive en el conocimiento entre la población de las ideas occidentales y la herencia cultural que nos une a todos y se remonta hasta los griegos, y al mismo tiempo promover la eliminación de algunas de estas entidades que hacen tan buen trabajo en hacer este conocimiento tan accesible al público en general. El grado de dependencia del gobierno es un asunto aparte. Con el alcance que tienen en todos los mercados grandes, y el apoyo que reciben de muchas personas, hay amplia oportunidad para aumentar la participación de la audiencia en forma de apoyo monetario, para poder limitar su dependencia en recursos federales.

El internet, el "talk radio", el cable, la televisión por satélite y la televisión en cadena son todos medios de transformación que representan la libertad de expresión norteamericana. La cacofonía de opiniones que emanan de ellas puede crear confusión, puede ser aburrida o soez, pero también graciosa, con capacidad de conmovernos, o también brillante. Nadie puede estar de acuerdo con todo lo que leen, escuchando ven en los medios de comunicación del país, pero mantener un prensa libre, con la habilidad de cuestionar las acciones del gobierno a todo nivel es una de las responsabilidades más importantes que tenemos como ciudadanos.

La religión en los Estados Unidos

A pesar de que hay encuestas que indican que ha existido una tendencia en la población de los Estados Unidos hacia la secularidad en décadas recientes, la religión juega un papel más importante en la vida del país que en la de muchos otros países. Esta participación en la vida religiosa toma muchas formas. La libertad de religión puesta en la constitución de los Estados Unidos ha servido a muchas generaciones de habitantes de este país. Debemos asegurarnos que este siga siendo el caso, aun cuando estemos en desacuerdo con las creencias fundamentales de otros, y debemos rehusar el llamado de algunos a atacar a otras religiones. Mientras que los fieles de una religión lleven un mensaje de paz, debe haber un lugar y un trato respetuoso para ellos en los Estados Unidos.

También es importante mantener nuestra separación entre la iglesia y el estado. Muchos de los países de los cuales vienen los inmigrantes son ejemplos de lo que pasa cuando la línea entre la religión mayoritaria y el estado es difusa; Latinoamérica es un gran ejemplo de esto. Tal cercanía nunca resulta ser buena para el país porque líderes religiosos que están cerca del poder, o en el poder, pueden tener un control sobre la población que ningún político laico puede igualar. Los Estados Unidos han tenido éxito en mantener este problema alejado desde el principio de la república, y esto debe continuar siendo el caso. Las teocracias no funcionan, no importa que religión las inspire. Independientemente de que los Estados Unidos continúan siendo un país con una mayoría cristiana, la cual ha influenciado el carácter del país desde un principio, creo que debemos mantenernos unidos aceptando nuestra diversidad religiosa, respetando a otros y anteponiendo el bienestar del país a otros motivos cuando participamos en la vida pública.

El lenguaje como un elemento unitario

El debate sobre si el país debería tener un lenguaje oficial ha existido desde el comienzo de los Estados Unidos. El inglés ganó la ventaja en los 1700s y se convirtió en el lenguaje nacional *de facto* a pesar de la gran importancia del alemán en partes del país durante la etapa inicial. Sucesivas olas de inmigrantes trajeron sus lenguajes con ellos, y lo convirtieron en el lenguaje de sus áreas urbanas o de las zonas rurales donde se asentaron. La primera generación frecuentemente tenía problemas para poder aprender el idioma inglés, y en el caso de personas ya mayores muchos apenas lo hicieron durante el resto de su vida. Sin embargo sus hijos fueron a la escuela y aprendieron inglés. Los padres sabían que era necesario para poder adaptarse y tener éxito en su nuevo país. Esta ha sido una fórmula para el éxito que siempre ha funcionado, y que continúa haciéndolo.

Es verdad que vivimos en un mundo interconectado y que el hablar otros idiomas es absolutamente necesario. El poder hablar varios idiomas ha hecho una gran diferencia en mi vida y esto me ha convencido de que debemos impulsar el aprendizaje, y hacerlo un requerimiento a temprana edad. Sin embargo esto no debe de suceder a expensas del aprendizaje y dominio total del inglés. Mientras que éste sea el caso ¡que cada estudiante aprenda cuantos idiomas quiera! ya que esto será de gran beneficio. Independientemente del incremento de la importancia de otros idiomas, especialmente el mandarín y el español, el inglés seguirá siendo la lingua franca de los negocios y la comunicación internacional en el futuro cercano. La falta de conjugaciones de verbos lo hace fácil de aprender, y decenas de millones de personas lo siguen haciendo en todo el mundo. Al contrario de lo que está pasando hoy día, nuestros jóvenes se deben de graduar de *high school* con un conocimiento sólido del lenguaje que permita una fácil integración a la fuerza laboral.

No creo que sea necesario establecer leyes que hagan al inglés al idioma oficial de la nación, o que aquellos que pueden hablar otro idioma sean señalados como si estuvieran haciendo algo malo, como lo son frecuentemente en ciertas partes del país. Pero si creo firmemente que cualquier inmigrante debe tener el gol de aprender a hablar el lenguaje lo mejor posible, claro, con expectaciones realistas basadas en la edad como el único factor limitante. El gobierno federal debería de oficialmente impulsar este objetivo y lo podría hacer estableciendo requerimientos de lenguaje para todos aquellos en el proceso de obtener su ciudadanía, como muchos países hacen como parte de un proceso similar. Es un pequeño costo a pagar para poder llevar a gente a empleos productivos que paguen más, que permitan llevarles a mejores vidas y que aumenten los ingresos del gobierno en forma de impuestos.

Como lo dije antes, los Estados Unidos, a diferencia de muchos países en Europa, es un país establecido sobre ideas, con varios lazos uniendo a su diversa población. El lenguaje es uno de los más importantes porque nos ayuda a definirnos como nación. Después de la gran ola de inmigración de las últimas dos décadas, con la polarización resultante a causa de cambios sociales y económicos recientes, un idioma común debe seguir siendo un lazo que nos una a todos.

Cultura nacional

Más que en cualquier otro país, la fundación de los Estados Unidos fue basada en el poder de ideas que atrajeron a diversa gente desde el comienzo. La nación ha prosperado por más de dos siglos porque la gente ha continuado creyendo en estas ideas de libertad, respeto a los derechos individuales, y en la necesidad de ser parte de una nación estadounidense. A pesar de sus fallas, sigue siendo una tierra de oportunidad donde la gente puede seguir sus sueños y llegar a triunfar en muchas formas. Esto ha sido posible porque sucesivas generaciones han estado convencidas en el valor de la idea de ser parte de una nación americana que va más allá de ellos mismos. Así como fue hace cien años, en medio del boom de inmigración de los 1900s, esto sigue siendo absolutamente necesario hoy día. Tanto los inmigrantes recientes como los ya establecidos se pueden beneficiar mucho al lograr un mejor entendimiento de la cultura y costumbres del país, y de las ideas y creencias que unifican a los norteamericanos. Los nacidos en los Estados Unidos también se beneficiarían al aprender de una manera similar sobre las culturas de aquellos que han llegado en tiempos recientes. Los estereotipos que existen cuando hay una falta de entendimiento de la cultura de otras personas son muchos, y no ayudan para nada a nuestra unidad nacional. El entendernos es el primer paso hacia el poder trabajar y vivir unos con otros, y el primer paso hacia la necesaria integración de los nuevos inmigrantes a la vida nacional ya que crea un diálogo que permite que la gente de diferentes orígenes encuentren temas comunes que les ayuden a unirse. Esta voluntad a entendernos los unos a los otros es un prerrequisito para mantener la armonía social aunque se pasen por tiempos difíciles.

Capítulo 11
El rol global de los Estados Unidos en el siglo 21

La evolución del rol global de los Estados Unidos

Se ha escrito mucho en años recientes sobre el siglo 21, llamándosele "El Siglo Asiático" de la forma en que los últimos dos siglos fueron británico y estadounidense, respectivamente. Con doce años en el nuevo siglo, no tiene caso disputar que los países asiáticos, especialmente China, juegan un creciente papel económico y político en el mundo. Las cifras dicen la historia, y es una historia positiva, ya que el crecimiento de ingresos fomenta la estabilidad social. La cantidad de deuda del gobierno de Estados Unidos en manos chinas, bastante más de mil millones de dólares a principios de 2012, nos asegura que la estabilidad global sea también un interés chino. Esto debería de garantizarnos un cierto nivel de cooperación entre ambos países. Pero China no es la única historia positiva; conforme otras naciones asiáticas desarrollan su propia demanda y se vuelven menos dependientes en exportaciones a Norteamérica y Europa, y más en el comercio interasiático, su peso en la economía global crecerá. El resultado neto de este cambio será una mejora en la vida de sus habitantes.

Sin embargo, esto no es un juego de suma cero en el cual la ascendencia de uno necesariamente signifique el declive de otro. A pesar de la creciente importancia de China en los asuntos internacionales, los intereses políticos y comerciales de los Estados Unidos garantizan que el país continuará jugando un papel principal en la escena mundial.

La posición de los Estados Unidos como la única superpotencia se ha transformado debido a que vivimos en un mundo más complejo. Militarmente, los Estados Unidos eclipsan a cualquier otro país, con mucho, y esto seguirá siendo el caso por años. Pero otros países hoy día tienen una voz política poderosa, y son tan capaces de influenciar los eventos internacionales a través del uso de lazos comerciales, poder suave, y abierto seguimiento de sus propios intereses nacionales. China lo acaba de demostrar en años recientes al imponerse con más fuerza en una variedad de frentes, incluyendo el militar que ha sido causa de preocupación para los gobiernos de Estados Unidos y países asiáticos.

Los Estados Unidos han mantenido su vista firmemente al otro lado del Atlántico por generaciones. Ahora el país intenta ver al otro lado del Pacífico y fortalecer lazos en la región, pero me parece que los líderes políticos y de negocios tienen dificultad en entender la forma de hacer negocios en un área con tantos países tan diversos. Japón fue reconstruido con un molde norteamericano, pero esa fue una situación única. La mayoría de los países en la región tiene culturas muy diferentes de la cultura de los Estados Unidos, lo cual crea un reto. Pero este ha sido siempre el caso, y la participación estadounidense sigue siendo crucial para mantener la estabilidad en áreas como Asia Oriental o el Subcontinente Hindú, así que debe continuar. Como con toda decisión de política a seguir, esto debe ser comparado con la necesidad de resolver importantes asuntos nacionales en casa que hacen a los Estados Unidos más vulnerables que la mayoría de los asuntos militares que enfrenta en todo el mundo en este momento, con la posible excepción de la situación en la península coreana.

Los lazos culturales con Europa han existido desde antes de la fundación del país. El siglo veinte los reforzó, y continúan siendo un factor muy importante en la política exterior de los Estados Unidos. Estos lazos deben seguir siendo fuertes y no ser hechos a un lado por ir con opiniones revisionistas sobre su importancia relativa, ya que las ideas que guiaron a los Padres Fundadores fueron originadas en Europa. Este lazo es especialmente importante ahora que Europa pasa por su traumática experiencia política y financiera, y que las mayores potencias buscan establecer nuevos roles en Europa.

Otro punto a tocar a aquellos que arguyen por la disminuyente relevancia de la importancia del lazo Estados Unidos-Europa es que los países de Latinoamérica también comparten con Estados Unidos una herencia cultural común que se remonta a los griegos y romanos. Esta base cultural nos da una gran base para reforzar los lazos comerciales, políticos y culturales entre los países del Hemisferio Occidental, y con Europa.

A todo esto también debemos añadir los lazos crecientes entre las culturas representadas por muchos de los nuevos ciudadanos que han llegado aquí en las últimas décadas, especialmente de Asia. Los lazos creados de esta forma positiva ofrecen a los Estados Unidos una avenida para adaptarse a un mundo en el cual entender a otras culturas cuya importancia económica y política va en aumento será esencial para el éxito económico y geopolítico del país.

Los Estados Unidos y el hemisferio occidental

El énfasis de los Estados Unidos sobre las guerras en Asia durante la última década y sobre los peligros que el fundamentalismo islámico representa ha tenido como resultado que el país haya estado ausente del hemisferio occidental durante la última década. Esto es un error, ya que mucha de la gente que hoy día viene a éste país, legalmente e ilegalmente, lo hace de países en éste hemisferio. Para lograr tener una política efectiva que se encargue de resolver asuntos nacionales e internacionales que tengan que ver con este grupo de gente, los Estados Unidos deben tener un mayor entendimiento de las diferentes sociedades y economías de la región.

Canadá-La relación con Canadá es una de aliados cercanos, a pesar de los asuntos comerciales que a veces la entorpecen, pero no ha ocupado lugar prominente en la agenda. Un nivel de desarrollo similar a ambos lados de la frontera elimina muchos problemas potenciales, y más debería hacerse para fortalecer estos lazos. Una creciente interdependencia energética ofrece gran promesa en éste aspecto.

Conforme muchos países de la región han evolucionado de dictaduras a democracias, eliminando al comunismo de este hemisferio, el contacto con los países de Latinoamérica ha sido limitado. En su mayor parte ha consistido en esfuerzos anti-drogas y en trato de asuntos migratorios, y no ha tenido la cobertura de ideas y goles que debería tener.

Latinoamérica es una región en la cual la historia hace que muchos resientan cualquier interferencia estadounidense. Sin embargo, el sabio manejo de la relación entre países puede eliminar la desconfianza que mucha gente tiene, y permitir un impacto conjunto. Hasta ahora, la política de ignorar a Hugo Chávez en Venezuela y permitir al pueblo venezolano resolver sus propios problemas y escoger su propio destino ha sido la correcta. Esto lo harán a su tiempo. Con Chávez ya muerto el pueblo venezolano, esperemos, podrá decidir su destino en las urnas y a través de una vida política sin represión. Estados Unidos se beneficiará de un trato a distancia que no permita que nadie acuse a una oposición a ser "pro yanqui". El haber tenido una respuesta mesurada cuando ganó Ignacio Lula la presidencia de Brasil, y a la declaración argentina de una moratoria de deuda, también ha pagado políticamente. A pesar de que Argentina sigue teniendo problemas políticos internos y externos, el país no se ha desmoronado como amenazaba hacerlo hace diez años. Brasil ha estado disfrutando del mejor crecimiento en su historia, y ambas naciones gozan de una buena relación con los Estados Unidos. Los cambios recientes en las economías de los países latinoamericanos significan que el incremento de la riqueza de los habitantes ha tenido como resultado el que la diferencia de ingresos que esta al centro de muchos problemas del continente disminuya, lo que ha creado oportunidades para compañías estadounidenses que han podido vender a nuevos consumidores.

Sin embargo, estos éxitos en relaciones exteriores han sido resultado de una actitud mesurada de los Estados Unidos con respecto a eventos en el área, más que de una política coherente y bien planeada hacia la región. Los Estados Unidos y las democracias de Latinoamérica tienen muchas cosas en común, y el gobierno debería de dedicar más esfuerzo, con eso como base, para crear un próspero hemisferio, en paz. Esto será especialmente necesario conforme vaya creciendo su contribución al Producto Interno Bruto mundial, y los países más grandes en el área refuercen su independencia en política exterior. Otra razón por la que los Estados Unidos debe reforzar sus lazos con las democracias de Latinoamérica es que los países en Asia Oriental seguirán, cada vez más, teniendo que enfrentar la realidad del poderío chino, y esto va a hacer que a futuro sus decisiones políticas y comerciales puedan resultar no del todo favorable a intereses de los Estados Unidos. El mantener un hemisferio unido será importante para enfrentar el cambio.

México-Entre estos países al sur de la frontera, México encabeza la lista de los países sobre los cuales los Estados Unidos deben estar muy atentos. Después de haber tenido una relación fría por más de un siglo, ambos países han llevado relaciones bilaterales más cordiales las últimas décadas, con una mayor interdependencia de la que muchas personas en los Estados Unidos se imaginan. Habiendo dejado el gobierno de un solo partido hace más de diez años, México está en este momento enfrascado en una guerra entre el estado y las bandas de drogas, y en otra entre los varios grupos delincuentes. El estado sigue en control, pero éste control ha sido erosionado en algunas áreas debido a organizaciones criminales que han estado dispuestas a enfrentarse a las autoridades para poder mantener su lucrativo negocio. La guerra anti cartel que el previo gobierno mexicano llevó a cabo fue todo el tiempo menguada de efectividad debido a la corrupción y apatía existente entre sectores del público, quien por razones históricas desconfía del gobierno y sus organizaciones de seguridad.

La situación actual es peor que en otros años, pero sus causas no son nuevas. En mi opinión existen tres causas principales. Una es la insaciable demanda por drogas ilegales en los Estados Unidos, un problema nacional que trae grandes riquezas a quienes lo alimentan, y uno al cual no ponemos suficiente atención a pesar de que tiene el potencial de transformarse de un problema social interno a uno de política exterior con consecuencias muy amplias. Necesitamos atacar con más esfuerzo este problema a temprana edad, cuando es más efectivo hacerlo. La campaña de Nancy Reagan de "Just Say No" (Solamente Di No) pudo haber sido ridiculizada en ese entonces, pero su intención estaba correcta en el tratar de influenciar la forma de pensar a temprana edad. Los niños y jóvenes deben entender que no hay nada "cool" en el uso de drogas. Estos esfuerzos también deben realzar el río de sangre que el comercio y consumo de las drogas genera en muchos países.

Otra razón del problema actual es el nivel de corrupción existente en la sociedad mexicana, lo cual tiene un efecto directo sobre la facilidad de acceso a la oferta. Esta es una sociedad en la cual se ha tolerado en muchas partes a la corrupción, con la idea de que no hay nada que el ciudadano común pueda hacer para combatirla. El cambiar tal actitud es un proyecto a largo plazo, pero es algo que todos los mexicanos deben continuar, presionando al gobierno también, ya que el futuro del país y de la región depende mucho de ello.

La tercera causa es el planeamiento económico de México durante las últimas décadas, con sus resultados de desintegración familiar, inmigración y tráfico de drogas. El lazo es lo siguiente: Muchos hombres jóvenes salieron de México rumbo a Estados Unidos en busca de un empleo que la ineficiente economía mexicana no puede generar. Una vez allá, debido a la dificultad de cruzar otra vez y de encontrar un nuevo trabajo si dejan el que tienen, raramente regresan a su lugar de origen, dejando así a sus familias, y a millones de niños que crecen sin una figura paterna. Estos niños son los que frecuentemente se convierten en carne de cañón que los traficantes usan para continuar y para matar, y en la nueva generación de clientes en desarrollo al sur de la frontera. Hay que cambiar estas condiciones.

Si hablamos de la macroeconomía, sucesivos gobiernos mexicanos deben ser felicitados por su disciplina desde la crisis de 1994. La economía ha estado estable y ha crecido constantemente, a pesar de que ha sido en gran parte como resultado de la industria maquiladora, que ha tenido mano libre y ha aportado limitado beneficio social. Sin embargo, las clases políticas han fracasado en emular este éxito a nivel microeconómico, nivel en el cual se requieren buenas medidas. Esto debería incluir leyes que verdaderamente abran la economía a la competencia, apoyen la educación en todos los segmentos de la población, apoyen la creación de empresas, y manejen los ingresos petroleros de una manera efectiva y transparente con verdadero beneficio al pueblo. Capitalismo de compadres, falta de competencia en industrias clave, un sistema de educación primaria abismal y una política energética fosilizada no van a llevar a las condiciones necesarias para generar los empleos que México necesita. Lo que harán será perpetuar las condiciones de desigualdad de oportunidad que siguen asegurando que el país no alcance el potencial que su gente tan trabajadora le da. Al contrario, esta desigualdad crea las condiciones idóneas para la violencia.

A pesar de la existencia de algunas unidades élites muy efectivas, y de muchos soldados dedicados y valientes en el cumplimiento de su deber, la corrupción en las fuerzas de seguridad mexicanas y entre los servidores públicos es un problema muy serio que empeora la situación. Para quienes se sientan ofendidos por esta aseveración, la pregunta es fácil: De que otra forma es posible que el tráfico de drogas y las matanzas despiadadas continúen aun en áreas que supuestamente están bajo control de las fuerzas de seguridad? Los gobiernos de ambos lados de la frontera estaban dispuestos a ignorar el problema mientras los muertos eran los criminales solamente. Sin embargo, el cambio de estrategia del presidente Felipe Calderón a una estrategia de confrontación directa, y la guerra intra cartel que desató cuando ciertos carteles perdieron control de rutas y áreas ha convertido esto en un problema mucho más grande para ambos países. Este problema amenaza con regresar la relación bilateral a una época atrás, ya que el público norteamericano se preocupa por las implicaciones de seguridad nacional que existen en territorio nacional, y por la aparente apatía que el gobierno federal tiene a la violencia existente a causa del tráfico de drogas.

No hay respuestas fáciles. Las altas ganancias que se pueden hacer significan que las redes se han expandido por todo Estados Unidos, trayendo los problemas a nuestras ciudades. Es claro que una respuesta con un empuje exclusivamente militarizado solamente crearía más problemas. El costo económico de tal decisión sería enorme, y las consecuencias políticas también los serían. Si el lector lo duda, recomiendo que lea la historia de la expedición Pershing del 1916-1917 para tener una idea.

Toda política orientada a resolver el problema de drogas debe estar fundada en un buen conocimiento de la dinámica social, tanto en Estados Unidos como en México, que han hecho que esta situación sea posible, y en una intención de resolver las condiciones que fomentan el uso y tráfico de drogas en ambos países. A pesar de lo tentador que pueda ser el uso de la fuerza militar para muchos en los Estados Unidos, sería inefectivo porque ignoraría el problema de la demanda aquí, y el problema del mal manejo social, económico y político en México. Estas son las causas a raíz que deben ser atacadas. Mientras este no sea el caso, los líderes de los carteles siempre tendrán a alguien dispuesto a tomar su lugar y continuar su comercio de muerte siempre que la demanda, y las ganancias que genera, existan. El nuevo gobierno mexicano bajo Enrique Peña Nieto parece estar tomando medidas para crear mejores condiciones sociales a largo plazo, tratando de mejorar la competitividad del país al reformar las telecomunicaciones, la educación y la energía. Si tienen éxito en estas áreas México será una gran oportunidad de inversión en años venideros.

En política interna de los Estados Unidos, urge un incremento de vigilancia y una efectiva persecución legal de quienes venden armas a los carteles. La vigilancia aérea requiere avanzada tecnología, pero si la voluntad política existe, es posible hacerla efectivamente. El gobierno federal debe tomar la iniciativa en esto y no forzar a las ciudades, condados y estados a llenar el vacío creado en seguridad de fronteras. Ha habido ejemplos a nivel estatal que han tratado de encontrar un balance de intereses en nuevas leyes, pero también ha habido leyes estatales nefastas creadas a consecuencia de éste problema, y esto debe ser evitado. Sin importar la opinión de la gente sobre las medidas tomadas por los estados, es increíble ver que el país esté dispuesto a hacer la inversión en tesoro y personal para cazar a un hombre al otro lado del mundo y eliminar a sus seguidores a control remoto, pero que no exista voluntad al nivel federal para crear una red de alta tecnología que incremente la seguridad fronteriza. Esto parece estar a punto de cambiar ahora en 2013, y si es así será bienvenido ya que eliminará un escollo que ha existido por muchos años y que ha sido interpuesto por quienes no han querido entablar negociaciones sobre una reforma a las leyes de inmigración.

La globalización y el crecimiento de Asia

Una de las cosas que están hoy en día afectando la autoconfianza del pueblo estadounidense es el visible progreso que otros países del mundo están logrando al mismo tiempo que los Estados Unidos parecen estar en declive. La pérdida de trabajos y la competencia en industrias de alto valor agregado han preocupado a los estadounidenses, pero las fuerzas externas tras estos temas no van a desaparecer, y debemos enfrentar esta realidad. Durante la Guerra Fría la amenaza de confrontación nuclear siempre estuvo presente, pero el pueblo sentía que los Estados Unidos podrían enfrentar cualquier reto soviético. Este no es el sentimiento hoy día, y esto es un problema. Mucha gente siente que el país es impotente al tratar de detener su declive, y se dan cuenta que China, Brasil y otros países jugaran un papel con creciente importancia en el mundo. En términos históricos, esto es simplemente el regreso de China al lugar que ocuparon entre las naciones hasta la expansión colonial europea, que fue resultado de la habilidad de los pueblos europeos de usar ventajas que nuevas tecnologías les habían dado.

China continuará creciendo, aunque más lentamente, y es muy probable que se vuelva más firme en su afán de alcanzar objetivos nacionales. Algunos de estos movimientos pueden llevar a una fricción con los Estados Unidos, y debemos tener cuidado en no hacer "China contra Estados Unidos" una profecía autogenerada. China tiene mucho a ganar por mantener un balance pacífico, con sus vecinos y con los Estados Unidos, y de esta forma tener la libertad de maniobra política para seguir elevando el

257

nivel de vida de su población. La magnitud de esta labor es clara. Es verdad que lo han hecho con un número de gente igual a la población total de los Estados Unidos, pero todavía tienen cientos de millones más, especialmente en provincias internas, quienes quisieran ser beneficiados por éste milagro chino. Este crecimiento requiere líneas marítimas abiertas, acceso a recursos naturales y naciones dispuestas al comercio. La dependencia china al comercio marítimo incrementa la probabilidad que el gobierno chino y futuros gobiernos de los Estados Unidos puedan tratar sus diferencias sin permitir que afecten la relación simbiótica que existe entre ambos países, la cual es crucial para el mundo entero. Por supuesto que el éxito de esta política depende de una participación responsable de parte de China con respecto a sus relaciones internacionales. Si este autocontrol no existe, China se encontrara en un camino a la confrontación con sus vecinos, nerviosos de su creciente poder, así como con los Estados Unidos.

El público estadounidense debe ver estos hechos no con miedo, sino como un reto para poder poner las mejores mentes en el país a trabajar. Debemos hacer aumentar la calidad de la educación pública para poder competir con esos países en el futuro. La pobreza, las enfermedades y el mal gobierno continuarán siendo una plaga en el mundo, y los Estados Unidos tienen las condiciones correctas para tener una ventaja a largo plazo, especialmente con la abundante energía recientemente descubierta. Lo que se necesita es una política inteligente. Mientras que es cierto que muchos países están creciendo a ritmo acelerado, esto lo han hecho partiendo desde una línea base muy baja. Sus gobiernos han fomentado y facilitado el crecimiento de la manufactura y de las industrias de alta tecnología en formas que los Estados Unidos no han hecho. Esto debe cambiar. Una forma en que el gobierno federal puede actuar efectivamente es al crear el apoyo correcto a la industria americana en forma de garantías de pago para exportadores, bajas tasas de interés a préstamos destinados a inversión en infraestructura y manufactura.

Es difícil pensar sobre el rápido crecimiento de Asia, y sobre el programa espacial chino, sin contrastar su esfuerzo con el nuestro. La reciente abdicación del gobierno de los Estados Unidos al liderazgo espacial debe ser corregida. Esto es un asunto de seguridad nacional y de seguridad económica si uno toma la visión a largo plazo. Es verdad que la situación fiscal es grave, pero el cortar unos pocos miles de millones de dólares del programa espacial significa darle la espalda a la noble tarea de exploración en la cual la humanidad ha estado dedicada durante los últimos quinientos años. Aún más importante, la falta de énfasis de la NASA a la exploración espacial tripulada también significa el darle la espalda a los potenciales beneficios a futuro de la tecnología desarrollada para este reto. Esta falta de apoyo del gobierno a la exploración espacial es una decisión controversial ya que existe mucho gasto discrecional innecesario en otras áreas, el cual podría ser reducido.

Los Estados Unidos y el mundo árabe

Los eventos teniendo lugar en el Mundo árabe cuando escribo las últimas palabras de este libro nos recuerdan la fuerza del deseo de libertad y autodeterminación. Estamos siendo testigos de una serie de eventos tan importantes como los de 1989, con los pueblos árabes rechazando las dictaduras y la opresión del mismo modo que los habitantes de Europa Central y Oriental lo hicieron hace más de veinte años. Similarmente a esos países, el reto para el mundo árabe será mantener un curso democrático.

Así como lo fue en aquella ocasión, esta es una oportunidad de parte de los Estados Unidos de demostrar al mundo que apoya la democracia y la libertad al apoyar moralmente a aquellos que hoy en día pelean por sus derechos, y al permitir que elijan en qué dirección vayan sus países. No es fácil hacerlo, pero a fin de cuentas es el correcto camino a seguir, ya que intervenciones directas de los Estados Unidos quitarían legitimidad a movimientos ciudadanos y fortalecerían las facciones internas anti democráticas que los políticos en Washington frecuentemente olvidan. La política tradicional en el Medio Oriente se ha centrado sobre el apoyo fuerte a nuestros aliados democráticos en la región y a gobiernos autoritarios con políticas pro Estados Unidos. Es importante mantener el adecuado nivel de apoyo a las pocas democracias de la región, especialmente si la inestabilidad se incrementa, pero también necesitamos ampliar la política más allá de la idea de "estabilidad a todo costo", y apoyar el desarrollo de gobiernos que puedan resultar de los levantamientos ciudadanos de la región.

La inmigración y el futuro de los Estados Unidos

La inmigración es un tema de gran importancia para todos quienes vivimos en los Estados Unidos, seamos ciudadanos nacidos aquí, naturalizados, quienes están en proceso, o aquellos quienes anhelan serlo. Creo que una solución basada en el sentido común es posible si trabajamos juntos y entablamos un dialogo que trate sobre los válidos puntos de discusión que muchos contribuyen.

Está claro que el presente sistema de inmigración ha fallado, y necesita ser modernizado. El sistema es un resultado de medidas y filosofías tomadas en los 1960s y no está diseñado para enfrentar las necesidades creadas por la realidad actual. En lugar de favorecer la inmigración basada en talento y educación, el sistema favorece a aquellos quienes ya tienen un lazo familiar dentro del país. Desafortunadamente, los únicos cambios que se le han hecho durante la década pasada han sido completamente opuestos a lo que se necesitaba. Después de 9/11, hubo una reacción apresurada que pudo haber parecido buena política para algunos en Washington, pero que fue desastrosa para los negocios del país. La decisión fue la de reducir el número de visas emitidas anualmente para talentosos individuos de otros países. El sistema ha seguido siendo el mismo desde entonces, a pesar de peticiones de líderes de muchas compañías de alta tecnología quienes han sido los más afectados.

Hay quienes alegan que estos trabajadores con alta educación quitan trabajos a quienes viven aquí, pero esto es

261

incorrecto, ya que esta gente contribuye a la sociedad y a la economía. ¡La competencia por el talento es reñida y es contra todo el mundo! Los Estados Unidos no son la única destinación del mundo para gente con experiencia en ingeniería o ciencia, y necesitamos asegurarnos que ofrezcamos oportunidad a quienes llegan aquí. Una mayoría todavía preferiría venir, pero Australia, Canadá, Suiza, y, cada vez más a futuro, lugares en Asia como Singapur, Hong Kong, y quizás China, atraerán fuertemente al talento a través del establecimiento de una masa crítica de gente que esté trabajando activamente en las tecnologías del futuro.

La solución a este asunto es el modificar totalmente el sistema de inmigración e instituir uno que trate finalmente con asuntos de seguridad fronteriza, establezca una nueva estructura para la inmigración que use más sentido común, y elimine las condiciones que han existido por décadas en el sector privado que han fomentado la inmigración ilegal y han resultado en el reciente sentimiento anti inmigrante. Para competir a futuro, el país necesita un sistema que valore la educación y las experiencias por sobre todo lo demás, junto con un programa paralelo, más pequeño, de permisos laborales temporales en industrias que puedan argumentar tal necesidad. Pero el esfuerzo principal debe ser en crear un nuevo énfasis sobre la inmigración de alto potencial. Al atraer a gente de alto poder productivo el país tendría una política de inmigración que ayude a la base recaudatoria de impuestos, y a la competitividad del país en el mundo.

El emigrar a los Estados Unidos o a cualquier otro país conlleva responsabilidad. El realzar esta verdad es para mí un punto clave. Quienes lo hagan deberían hacerlo porque creen en el proyecto entero. El periodo difícil frente a nosotros requiere que este sea el caso hoy más que nunca. Los inmigrantes continuaran forjando el futuro de los Estados Unidos, y al irse convirtiendo en ciudadanos tendrán la responsabilidad de contribuir a su renacimiento del mismo modo que aquellos quienes vinieron siglos anteriores lo hicieron. Al estar a punto de una discusión seria sobre una reforma migratoria ahora en 2013 es muy importante recalcar la importancia que cualquier camino a la ciudadanía que se instituya lleve un requerimiento de alto conocimiento cívico de parte de cualquier ciudadano nuevo.

El riesgo de sobre extenderse

Otro tema que también fue evitado mucho después del 9/11 y del inicio de las guerras en Asia es el presupuesto de defensa de los Estados Unidos, y la forma en que este dinero es utilizado. Aun entre quienes quieren hacer cortes presupuestales serios que realmente impacten la situación, hay una generalizada falta de voluntad entre el público y entre nuestros representantes sobre el cortar los gastos de defensa. Muchos tienen miedo de ser acusados de anti patriotismo. Esto es ridículo, ya que los gastos militares hoy día se llevan la mitad del presupuesto discrecional federal. Las obligaciones militares que los Estados Unidos tienen hoy día han impuesto un tremendo carga sobre las fuerzas armadas, acelerando el uso del equipo, afectando al personal, y creando una carga fiscal tan pesada como la creada por los programas de ayuda de gobierno que muchos quieren cortar. Con un presupuesto de cerca de setecientos cincuenta mil millones de dólares por año, si uno cuenta los gastos de guerra que se han estado pagando fuera del presupuesto por una década, los Estados Unidos están en una situación de sobre extensión y compromiso excesivo que debemos resolver si hablamos seriamente de reducir el déficit y renovar la nación. Los presupuestos de inteligencia y operaciones especiales que han sido los más responsable por mantenernos seguros los últimos diez años son una pequeña parte de este total, y nuestros esfuerzos deberían continuar en esta dirección.

El debate reciente sobre la condición fiscal del país finalmente ha empezado a incluir la defensa como una importante pieza del gasto discrecional federal que es en realidad; hay formas de ahorrar dinero en esta área también. Una presencia militar de los Estados Unidos continúa existiendo en Europa mucho después que la Guerra Fría terminó. Esto no tiene sentido cuando uno considera que, como continente, los aliados europeos son lo suficientemente ricos para responsabilizarse de su propia defensa. Tampoco lo tiene si uno se da cuenta que Rusia, la amenaza desde 1945, y Europa, tienen una relación energética simbiótica que favorece la cooperación a pesar de los ocasionales desacuerdos. Finalmente, tal presencia tiene aun más sentido cuando uno vislumbra que estas fuerzas puedan ser necesarias en otra parte en el futuro. Para empezar, una relocalización de estas fuerzas a Estados Unidos ahorraría dinero.

Con el renovado énfasis sobre la cuenca del Pacífico, es más difícil hacer un argumento para hacer recortes ahí, especialmente dada la situación en Corea. Pero el presente proceso de adquisición de armas y la selección de programas a los cuales otorgar fondos son áreas en las que se puede ahorrar mucho dinero. El cercano fin de las movilizaciones para las guerras en Asia central debería de hacer posible ver este proceso con objetividad. No tendrá el impacto que una reducción de costos en el sector salud, o que una reforma de pensiones del Seguro Social tendría, pero sería mucho más significativo que muchos de los cortes pequeños de los cuales se habla frecuentemente en la discusión sobre la deuda nacional. Lo más importante de este tema de cortes en defensa es que es algo que se tiene que poner en discusión si se espera llegar a acuerdos que trasciendan las divisiones ideológicas que se tendrán que hacer un lado para poder evitar el desastre fiscal que se avecina si no cambian las cosas. La clave va a ser hacerlo con inteligencia, y sin quitar las capacidades bélicas que serán más importantes para la guerra futura.

Notas finales sobre la verdadera fuente del liderazgo de los Estados Unidos

Los Estados Unidos han sido un país de cambio continuo durante toda su historia. El país parece perder el rumbo de vez en cuando, pero lo retoma con un renovado sentido de dirección y propósito cuando el pueblo se une y empuja a sus líderes a hacer lo correcto. Para el lector que está interesado en ser ciudadano, o que lo está logrando, sin importar en que etapa del camino a la ciudadanía esté, tiene una oportunidad de jugar un papel importante en un gran "comeback" nacional. Cierto, los tiempos son difíciles, y los problemas afectando al país son tan serios que la labor de rescate no será fácil, pero la oportunidad de lograrla con éxito ciertamente está ahí presente. Necesitamos un liderazgo que inspire, una voluntad a trabajar duro y a sacrificarnos para alcanzar los goles, y una firme certeza en nuestra habilidad de volver al camino correcto.

El país ha pasado por periodos difíciles, pero la confianza de la gente en la fuerza de las ideas sobre las cuales está basado sigue siendo enorme. Esta fase introspectiva en la que nos encontramos es una oportunidad para reafirmar estas ideas, y para usarlas como base de una renovación de la vida cívica que nos permita ayudar a guiar la relación de Estados Unidos con el resto del mundo.

La pequeña parte de los Estados Unidos que yo veo donde vivo, aquí en Sugar Land, me da esperanza. Gente de todo origen, algunos nacidos aquí y otros hechos ciudadanos en los últimos diez a quince años, viven, trabajan y practican su religión en paz, haciendo también esfuerzos para apoyar a su comunidad. Muchos están interesados en el debate político presente, como me tocó ver en un evento informativo que organizo nuestro representante federal. Tuvo lugar durante uno de los días más calurosos en la historia de Texas, y sin embargo cientos de gentes se presentaron para hacer preguntas y escuchar sus respuestas. Claro que existen diferencias a veces, pero la gente generalmente se respeta el uno al otro. Este respeto frecuentemente se vuelve amistad cuando nos damos cuenta que lo que nos divide culturalmente es mucho menos que las cosas que nos pueden unir. Me da gran esperanza ver a nuestros hijos aprendiendo a respetar otras culturas, aceptando las diferencias que puede haber, y compartiendo valores que les ayudaran a escribir su propio capítulo de la historia de los Estados Unidos. Esta facilidad de atraer gente y unirlos de una manera que no existe en ninguna otra parte ha sido la fuente de fortaleza más grande de los Estados Unidos por más de dos siglos. A pesar de las dificultades recientes, creo que continuará mientras nosotros, como guardianes del sueño, nos enfoquemos en ideas de libertad, libre empresa y el respeto por los derechos individuales que nos une a todos y trabajemos para mantenerlos y fortalecerlos.

En el futuro deseo poder mostrarles a mis hijos que cuando pasamos por años difíciles nos unimos todos como ciudadanos de este país. Tendremos que encontrar puntos medios en nuestros argumentos y tendremos que vivir con servicios reducidos y más ayuda mutua. Vamos a ser puestos a prueba indudablemente, en formas que no nos imaginamos todavía. Pero los Estados Unidos tienen lo que se necesita para volver y para enfrentar cualquier revés que se venga encima. Para poder hacerlo debemos asegurarnos que aprendamos y recordemos los logros del pasado, tan frecuentemente alcanzados por gente común que se alzo a la ocasión, y que exijamos un similar nivel de visión y dedicación de nosotros mismos y de nuestros líderes electos. Si hacemos esto, el *comeback* tendrá éxito, y la nación será más fuerte. Puede ser que pase lentamente al principio, en las fábricas, oficinas, hospitales y escuelas a lo largo y ancho del país, pero va a tomar fuerza eventualmente, y lo que emergerá de ello será un país listo para continuar jugando un papel de liderazgo en el siglo 21.

Todos tenemos que hacer nuestra parte, y esto incluye a aquellos de ustedes que son nuevos aquí, o a quienes entre ustedes no han participado en la vida política. Cuando hayamos logrado nuestros objetivos, recordaremos y nos sentiremos orgullosos del papel que jugamos. Podremos dejar un país con un renovado sentimiento de sí mismo, y en mejor condición que como lo encontramos.

Esta participación responsable en la vida cívica es necesaria, ya que la llama de esperanza de una mejor vida que los Padres Fundadores de los Estados Unidos encendieron para todo el mundo al fundar el país y escribir la Constitución sigue brillando fuertemente. La Unión puede estar en un momento difícil, y la llama puede haber vacilado recientemente, pero tendremos éxito en mantenerla viva si hacemos un esfuerzo de "promover el bienestar general" como lo expresaron los constitucionalistas en el documento hace más de dos siglos.

Para aquellos de ustedes a punto de entrar a esta jornada, o para aquellos que la han comenzado recientemente, bienvenidos a la nación en tan importante hora. Tienen la oportunidad de hacer su marca, y su contribución será bienvenida por los que ya estamos aquí, llamando a este país nuestro hogar. Al ver a tanta gente luchando por su libertad en todo el mundo, usemos esas imágenes como recordatorio de que debemos trabajar mucho para revitalizar este país. Juntos nos debemos elevar al reto, como previas generaciones lo han hecho, y asegurarnos que la *"Resplandeciente Ciudad sobre la Colina"* perdure como un lugar de libertad e inspiración para futuras generaciones.

Apéndice: información sobre el gobierno de los Estados Unidos

El gobierno de los Estados Unidos

La Constitución de los Estados Unidos estableció un gobierno consistente de tres poderes (ejecutivo, legislativo y judicial) para que cada poder pudiera mantener un balance de autoridad y poder sobre los otros dos. Los principios de verificación, balance, y separación de poderes fueron muy importantes para los creadores de la Constitución. Esto fue un directo resultado de la experiencia de haber vivido bajo el mandato de un rey que podía abusar su poder fácilmente.

El Poder Ejecutivo

El poder ejecutivo del gobierno federal está encabezado por el Presidente de los Estados Unidos. El Presidente es elegido por un término de cuatro años y durante ése periodo vive en la capital del país, Washington D.C. El Presidente debe firmar todas las propuestas de ley para que se puedan convertir en ley vigente. El Presidente también puede, usando su veto, negar la aprobación de cualquier ley que el Congreso le presente. El Presidente tiene un gabinete lleno de asesores que están a cargo de los diferentes departamentos del poder ejecutivo que velan sobre muchas áreas tales como protección al consumidor hasta elaboración de tratados. Los puestos del gabinete ejecutivo son:

269

Secretary of Agriculture

Secretary of Commerce

Secretary of Defense

Secretary of Education

Secretary of Energy

Secretary of Health and Human Services

Secretary of Homeland Security

Secretary of Housing and Urban Development

Secretary of the Interior

Secretary of Labor

Secretary of State

Secretary of Transportation

Secretary of the Treasury

Secretary of Veterans Affairs

U. S. Attorney General

Vice President

La cadena de mando va directamente hasta el Presidente de los Estados Unidos, quien es Comandante en Jefe de las fuerzas armadas. Los ciudadanos de edad elegible votan por un presidente cada cuatro años. El vicepresidente, cuyo trabajo es el ser presidente si este está incapacitado o fallecido, es también elegido para un término de cuatro años.

El Poder Legislativo del gobierno de los Estados Unidos

El Congreso de los Estados Unidos se encarga de aprobar las leyes federales. El Congreso está constituido por dos cámaras, la cámara baja se llama la Cámara de Representantes. Hay 435 Representantes, elegidos cada dos años, quienes representan a áreas geográficas definidas de cada estado (distritos) basadas en su población. El *Speaker of the House*, el Representante John Boehner en este momento, es el siguiente en la línea presidencial si el Presidente y Vicepresidente no pueden tomar el mando. La cámara alta se llama el Senado. El Senado es más pequeño, con dos Senadores por cada estado solamente, lo cual le da un total de 100 miembros. Los Senadores son elegidos por los votantes de su estado a un término de seis años.

El Poder Judicial del gobierno de los Estados Unidos

El Poder Judicial existe para revisar leyes, explicar leyes, resolver desacuerdos y decidir si las leyes respetan la letra de la Constitución. El Poder Judicial está encabezado por una Suprema Corte, constituida por 9 jueces quienes son nominados por el Presidente a términos vitalicios. La Suprema Corte actual es dirigida por el Juez Supremo John Roberts. Los jueces de ésta corte tienen la última palabra y autoridad sobre cualquier caso presentado frente a ellos por cualquier corte menor del Gobierno Federal.

La Constitución de los Estados Unidos y las enmiendas constitucionales

La Constitución de los Estados Unidos, también conocida como "la suprema ley del país", establece y define el gobierno nacional y protege los derechos básicos de todos los estadounidenses. También establece cuales poderes pertenecen exclusivamente al gobierno federal, y cuales pertenecen a los estados.

Los poderes que la Constitución reserva exclusivamente al gobierno federal son:

El imprimir dinero

El hacer tratados con otros países

Declarar la guerra a países extranjeros

El crear un ejército

Ejemplos de poderes reservados a los estados son:

El responsabilizarse de proveer la educación pública a los habitantes

El brindar protección publica

El brindar seguridad publica

El emitir licencias de conducir

272

El aprobar leyes para el uso del suelo para la construcción

Las Enmiendas Constitucionales (Enmiendas 1 al 10 se llaman el "Bill of Rights" y garantizan derechos a todas las personas que viven en los Estados Unidos)

1- Garantiza el derecho a la libertad de religión, expresión, prensa, reunión y petición.

2- Garantiza el derecho a portar armas.

3- Garantiza la libertad contra el acuartelamiento de tropas forzado durante tiempo de paz.

4- Garantiza contra las búsquedas, arrestos y saqueo irrazonables.

5- Garantiza el derecho contra la autoincriminación.

6- Garantiza el derecho a un juicio por jurado en casos criminales, y el derecho a consejo legal.

7- Garantiza el derecho a juicio por jurado en casos civiles.

8- Prohíbe el castigo cruel e inusual, y las multas excesivas.

9- Garantiza que esos derechos no expresamente mencionados en la Constitución o en el *Bill of Rights* sean mantenidos por el público.

10- Reserva a los estados esos poderes no específicamente otorgados por la Constitución al gobierno federal

11- Limita la capacidad de los ciudadanos de demandar a los estados en una corte federal.

12- Establece un requerimiento que los miembros del Colegio Electoral voten por separado por presidente y por vicepresidente.

13- Prohíbe la esclavitud y autoriza al Congreso a aplicar las leyes necesarias para hacerlo.

14- Define ciertas garantías para la ciudadanía de los Estados Unidos, y repele el compromiso de tres quintos.

15- Prohíbe a los gobiernos estatales y al federal el negarle a alguien el derecho al voto basado en raza, color o previa condición de esclavitud.

16- Autoriza un impuesto federal al salario

17- Modifica el método de elección de Senadores, haciéndolo voto directo.

18- Prohíbe la producción o importación de bebidas alcohólicas en los Estados Unidos.

19- Otorga a la mujer el derecho al voto.*

20- Cambia detalles de términos presidenciales y del Congreso.

21- Anula la Enmienda 18.

22- Limita al Presidente a dos términos.

23- Otorga electores presidenciales al Distrito de Columbia.

24- Prohíbe el usar la falta de pagos de impuesto como arma para negar el voto.*

25- Cambia los detalles de la sucesión presidencial.

26- Reduce la edad mínima para poder votar de 21 a 18 años. Esto también es aplicable a elecciones presidenciales.

27- Limita las alzas de salarios de los miembros del Congreso

*Estas son todas enmiendas que tienen que ver con el derecho a votar.

El Juramento a la Bandera (Pledge of Allegiance) es la forma en que se jura lealtad a la bandera y a los Estados Unidos. Esta es recitada comúnmente en eventos públicos y en escuelas en todo el país.

Los nuevos ciudadanos hacen una serie de promesas durante la ceremonia de ciudadanía:

El abjurar lealtad a otros países, y jurar lealtad a los Estados Unidos.

El defender la Constitución y las leyes de los Estados Unidos, y obedecerlas.

El servir en las Fuerzas Armadas de los Estados Unidos, o hacer otro tipo de trabajo por el país si es necesario.

OFICIALES ELEGIDOS

Vaya a www.house.gov/ para una lista completa y al día de los Representantes Federales de su estado, y al www.senate.gov/ para ver los Senadores Federales de su estado.

POR EL ESTADO DE TEXAS (en Abril 2013)

Gobernador-Rick Perry (Republicano)

U. S. Senators-John Cornyn y Ted Cruz (ambos Republicanos)

U.S. Representatives por Texas (en Abril 2013, válidos hasta Noviembre 2014)

Distrito, Nombre y Partido al que pertenece

1 Louie Gohmert-Republicano

2 Ted Poe-Republicano

3 Sam Johnson-Republicano

4 Ralph M. Hall-Republicano

5 Jeb Hensarling-Republicano

6 Joe Barton-Republicano

7 John Culberson-Republicano

8 Kevin Brady-Republicano

9 Al Green-Demócrata

10 Michael T. McCaul-Republicano

11 K. Michael Conaway-Republicano

12 Kay Granger-Republicano

13 Mac Thornberry-Republicano

14 Randy Weber-Republicano

15 Rubén Hinojosa-Demócrata

16 Beto O'Rourke-Demócrata

17 Bill Flores-Republicano

18 Sheila Jackson Lee-Demócrata

29 Randy Neugebauer-Republicano

20 Joaquín Castro-Demócrata

21 Lamar Smith-Republicano

22 Pete Olson-Republicano

23 Pete Gallego-Republicano

24 Kenny Marchant-Republicano

25 Roger Williams-Demócrata

26 Michael Burgess-Republicano

27 Blake Farenthold-Republicano

28 Henry Cuellar-Demócrata

29 Gene Green-Demócrata

30 Eddie B. Johnson-Demócrata

31 John Carter-Republicano

32 Pete Sesions-Republicano

33 Marc Veasey-Demócrata

34 Filemon Vela-Demócrata

35 Lloyd Dogget-Demócrata

36 Steve Stockman-Republicano

Estados, Territorios, y sus capitales

ESTADO-CAPITAL

Alabama-Montgomery

Alaska-Juneau

Arizona-Phoenix

Arkansas-Little Rock

California-Sacramento

Colorado-Denver

Connecticut-Hartford

Delaware-Dover

Florida-Tallahassee

Georgia-Atlanta

Hawaii-Honolulu

Idaho-Boise

Illinois-Springfield

Indiana-Indianapolis

Iowa-Des Moines

Kansas-Topeka

Kentucky-Frankfort

Louisiana-Baton Rouge

Maine-Augusta

Maryland-Annapolis

Massachusetts-Boston

Michigan-Lansing

Minnesota-St. Paul

Mississippi-Jackson

Missouri-Jefferson City

Montana-Helena

Nebraska-Lincoln

Nevada-Carson City

New Hampshire-Concord

New Jersey-Trenton

New México-Santa Fe

New York-Albany

North Carolina-Raleigh

North Dakota-Bismarck

Ohio-Columbus

Oklahoma-Oklahoma City

Oregon-Salem

Pennsylvania-Harrisburg

Rhode Island-Providence

South Carolina-Columbia

South Dakota-Pierre

Tennessee-Nashville

Texas-Austin

Utah-Salt Lake City

Vermont-Montpelier

Virginia-Richmond

Washington-Olympia

West Virginia-Charleston

Wisconsin-Madison

Wyoming-Cheyenne

District of Columbia-Washington

TERRITORIOS-Capital

American Samoa-Pago Pago

Guam-Hagatna

Puerto Rico-San Juan

Northern Marianas-Saipán

U.S. Virgin Islands-Charlotte Amalie

De estos estados, California, Arizona, New México y Texas comparten frontera con México. Washington, Idaho, Montana, North Dakota, Minnesota, Michigan, Vermont, New York, New Hampshire, Maine, comparten frontera terrestre con Canadá.

PRESIDENTES DE LOS ESTADOS UNIDOS

George Washington-1789 a 1797

John Adams-1797 a 1801

Thomas Jefferson-1801 a 1809

James Madison-1809 a 1817

James Monroe-1817 a 1825

John Quincy Adams-1825 a 1829

Andrew Jackson-1829 a 1837

Martin Van Buren-1837 a 1841

William Henry Harrison-1841

John Tyler-1841 a 1845

James K. Polk-1845 a 1849

Zachary Taylor-1849 a 1850

Millard Fillmore-1850 a 1853

Franklin Pierce-1853 a 1857

James Buchanan-1857 a 1861

Abraham Lincoln-1861 a 1865

Andrew Johnson-1865 a 1869

Ulysses S. Grant-1869 a 1877

Rutherford B. Hayes-1877 a 1881

James A. Garfield-1881

James A. Arthur-1881 a 1885

Grover Cleveland-1885 a 1889

Benjamin Harrison-1889 a 1893

Grover Cleveland-1893 a 1897

William McKinley-1897 a 1901

Theodore Roosevelt-1901 a 1909

William Howard Taft-1909 a 1913

Woodrow Wilson-1913 a 1921

Warren G. Harding-1921 a 1923

Calvin Coolidge-1923 a 1929

Herbert Hoover-1929 a 1933

Franklin D. Roosevelt-1933 a 1945

Harry S. Truman-1945 a 1953

Dwight D. Eisenhower-1953 a 1961

John F. Kennedy-1961 a 1963

Lyndon B. Johnson-1963 a 1969

Richard M. Nixon-1969 a 1974

Gerald R. Ford-1974 a 1977

James Carter-1977 a 1981

Ronald Reagan-1981 a 1989

George H. W. Bush-1989 a 1993

William J. Clinton-1993 a 2001

George W. Bush-2001-2009

Barack H. Obama-2009 al presente

FIESTAS NACIONALES

New Year's Day; Martin Luther King Jr.'s Day; Presidents' Day; Memorial Day; Independence Day; Labor Day; Columbus Day; Veterans Day; Thanksgiving; Christmas

INFORMACION ADICIONAL SOBRE LOS ESTADOS UNIDOS

La bandera de Estados Unidos tiene trece barras, las cuales representan las trece colonias originales, y cincuenta estrellas representando todos los estados.

Himno Nacional: The Star Spangled Banner

Superficie: 3,537,438.44 millones de millas cuadradas (Fuente: U.S. Census Bureau). El país ocupa una posición entre el océano Atlántico, ubicado en la costa este del país, y el océano Pacífico, en la oeste.

Habitantes (2010): 308,745,538 habitantes (Fuente: U.S. Census Bureau)

Producto Domestico Bruto (al fin del 2010): 14.755 billones de dólares (14.755 trillion dollars) (Fuente: BEA). Sistema económico: economía de mercado.

LAS PREGUNTAS DEL EXAMEN DE CIUDADANIA DE LOS ESTADOS UNIDOS, CON LA PÁGINA DE REFERENCIA PARA LA RESPUESTA EN ESTE LIBRO. Fuente de las preguntas: www.uscis.gov

PREGUNTAS SOBRE EL GOBIERNO DE LOS ESTADOS UNIDOS

A: Principios de la democracia estadounidense

1. ¿Cuál es la ley suprema de la nación?
   Página 37
2. ¿Qué hace la Constitución?
   Página 37
3. La idea de la autodeterminación está en las primeras tres palabras de la Constitución. ¿Cuáles son estas palabras?
   Página 37
4. ¿Qué es una enmienda?
   Página 38

5. ¿Con qué nombre se conoce a las primeras diez enmiendas a la Constitución?
   Páginas 38, 273

6. ¿Cuál es un derecho o libertad garantizado por la Primera Enmienda?
   Páginas 38, 273

7. ¿Cuántas enmiendas tiene la Constitución?
   Página 39, 273

8. ¿Qué hizo la Declaración de Independencia?
   Página 29

9. ¿Cuáles son dos derechos establecidos en la Declaración de Independencia?
   Página 29

10. ¿En qué consiste la libertad de religión?
    Páginas 21, 38

11. ¿Cuál es el sistema económico en los Estados Unidos?
    Página 135

12. ¿En qué consiste el "estado de derecho"
    Página 38

B: Sistema de Gobierno

13. Nombre una rama o parte del gobierno.
    Páginas 37-38, 269

14. ¿Qué es lo que hace que una rama del gobierno no se vuelva demasiado poderosa?
    Páginas 37-38, 269

15. ¿Quién está a cargo de la rama ejecutiva?
    Página 37-38, 269

16. ¿Quién crea las leyes federales?

Página 269

17. ¿Cuáles son las dos partes que integran el Congreso de los Estados Unidos?

Páginas 37-38, 270

18. ¿Cuántos Senadores de los Estados Unidos hay?

Página 271

19. ¿De cuántos años es el término de elección de un Senador de los Estados Unidos?

Página 271

20. Nombre a uno de los Senadores actuales del estado donde vive.

Varia depende del estado. Para Texas, vea página 276.

21. ¿Cuántos miembros votantes tiene la Cámara de Representantes?

Página 271

22. ¿De cuantos años es el término de elección de un Representante de los Estados Unidos?

Página 271

23. Dé el nombre de su Representante a nivel nacional.

Varía por lugar. Para Texas, vea páginas 276-277.

24. ¿A quiénes representa un Senador de los Estados Unidos?

Página 271

25. ¿Por qué tienen algunos estados más Representantes que otros?

Página 270

26. ¿De cuántos años es el término de elección de un Presidente?

Página 269

27. ¿En qué mes votamos por un nuevo Presidente?

Página 269

28. ¿Cómo se llama el actual Presidente de los Estados Unidos?

Página 99, página 204

29. ¿Cómo se llama el actual Vicepresidente de los Estados Unidos?

Página 138

30. Si el Presidente ya no puede cumplir sus funciones, ¿quién se vuelve Presidente?

Páginas 270,271

31. Si tanto el Presidente como el Vicepresidente ya no pueden cumplir sus funciones, ¿quién se vuelve Presidente?

Página 270,271

32. ¿Quién es el Comandante en Jefe de las Fuerzas Armadas?

Página 270

33. ¿Quién firma los proyectos de ley para convertirlos en ley?

Página 269

34. ¿Quién veta los proyectos de ley?

Página 269

35. ¿Qué hace el gabinete del Presidente?

Página 269

36. ¿Cuáles son dos puestos a nivel de gabinete?
Páginas 269-270

37. ¿Qué hace la rama judicial?
Página 271

38. ¿Cuál es el tribunal más alto de los Estados Unidos?
Página 271

39. ¿Cuántos jueces hay en la Corte Suprema de Justicia?
Página 271

40. ¿Quién es el juez supremo de la Corte Suprema de Justicia de los Estados Unidos?
Página 271

41. ¿De acuerdo a nuestra Constitución, algunos poderes pertenecen al gobierno federal? ¿Cuál es un poder del gobierno federal?
Página 271

42. De acuerdo a nuestra Constitución, algunos poderes pertenecen a los estados. ¿Cuál es un poder de los estados?
Página 272

43. ¿Quién es el gobernador actual de su estado?
Varía dependiendo del estado. Para Texas vea
Página 276

44. ¿Cuál es la capital de su estado?
Página 280

45. ¿Cuáles son los dos principales partidos políticos de los Estados Unidos?
Página 214

46. ¿Cuál es el partido político del Presidente actual?

Páginas 138-140

47. ¿Cómo se llama el *Speaker* actual de la Cámara de Representantes?

Página 270

C: Derechos y Responsabilidades

48. Existen cuatro enmiendas a la Constitución sobre quién puede votar. Describa una de ellas.

Página 59

49. ¿Cuál es una responsabilidad que corresponde solo a los ciudadanos de los Estados Unidos?

Página 230

50. ¿Cuál es un derecho que pueden ejercer sólo los ciudadanos de los Estados Unidos?

Página 231

51. ¿Cuáles son dos derechos que pueden ejercer todas las personas que viven en los Estados Unidos?

Página 230

52. ¿Ante qué demostramos nuestra lealtad cuando decimos el Juramento de Lealtad?

Página 275

53. ¿Cuál es una promesa que hace usted cuando se convierte en ciudadano de los Estados Unidos?

Página 275

54. ¿Cuántos años tienen que tener los ciudadanos para votar por el Presidente? Página 275

55. ¿Cuáles son dos formas en que los ciudadanos estadounidenses pueden participar en su democracia? Página 230

56. ¿Cuál es la fecha límite para enviar la declaración federal de impuesto sobre el ingreso? Página 238

57. ¿Cuándo deben inscribirse todos los hombres en el Servicio Selectivo? Página 107

PREGUNTAS SOBRE HISTORIA DE LOS ESTADOS UNIDOS

A: Época colonial e independencia

58. ¿Cuál es una razón por la que los colonos vinieron a los Estados Unidos? Página 16

59. ¿Quienes vivían en los Estados Unidos antes de la llegada de los europeos? Páginas 16-18

60. ¿Qué pueblo fue traído a los Estados Unidos y vendido como esclavos? Página 21

61. ¿Por qué lucharon los colonos contra los británicos?

Páginas 23-26

62. ¿Quién escribió la Declaración de Independencia?

Página 29

63. ¿Cuándo fue adoptada la Declaración de Independencia?

Página 29

64. Había 13 estados originales. Nombre tres.

Páginas 20, 23

65. ¿Qué ocurrió en la Convención Constitucional?

Página 37

66. ¿Cuándo fue escrita la Constitución?

Página 37

67. Los ensayos conocidos como "Los Federalistas" respaldaron la aprobación de la Constitución de los Estados Unidos. Nombre a uno de los autores.

Páginas 36-37

68. Mencione una razón por la que es famoso Benjamín Franklin

Página 31

69. ¿A quién se le conoce como el "Padre de Nuestra Nación"?

Página 35

70. ¿Quién fue el primer Presidente?

Página 35

B: Los años 1800s

71. ¿Qué territorio compró los Estados Unidos a Francia en 1803?
Página 40

72. Mencione una guerra durante los años 1800s (siglo XIX) en la que peleó los Estados Unidos.
Páginas 41,50,54,63

73. Dé el nombre de la guerra entre el Norte y el Sur de los Estados Unidos.
Página 54

74. Mencione un problema que condujo a la Guerra Civil.
Página 54

75. ¿Qué fue una cosa importante que hizo Abraham Lincoln?
Páginas 54-57

76. ¿Qué hizo la Proclamación de la Emancipación?
Página 58

77. ¿Qué hizo Susan B. Anthony?
Página 59

C: Historia de Estados Unidos reciente y otra información histórica importante

78. Mencione una guerra durante los años 1900s (siglo XX) en la que pelearon los Estados Unidos. Páginas 67,80,95,105,115

79. ¿Quién era el presidente durante la Primera Guerra Mundial?

Página 68

80. ¿Quién era el presidente durante la Gran Depresión y la Segunda Guerra Mundial?

Páginas 80-82

81. ¿Contra qué países pelearon los Estados Unidos en la Segunda Guerra Mundial?

Páginas 82-83

82. Antes de ser presidente, Eisenhower era general. ¿En qué guerra participó?

Página 87

83. ¿Durante la Guerra Fría, cuál era la principal preocupación de los Estados Unidos?

Página 94

84. ¿Qué movimiento trató de poner fin a la discriminación racial?

Página 101

85. ¿Qué hizo Martin Luther King, Jr?

Página 102

86. ¿Qué hecho de gran magnitud ocurrió el 11 de Septiembre de 2001 en los Estados Unidos?

Página 124

87. Mencione una tribu de indios americanos de los Estados Unidos.

Página 18

CIVISMO INTEGRADO

A: Geografía

88. Mencione uno de los ríos más largos en los Estados Unidos.

Página 41

89. ¿Qué océano está en la costa oeste de los Estados Unidos?

Página 284

90. ¿Qué océano está en la costa este de los Estados Unidos?

Página 284

91. Dé el nombre de un territorio de los Estados Unidos.

Página 281

92. Mencione un estado que tiene frontera con Canadá.

Página 281

93. Mencione un estado que tiene frontera con México.

Página 281

94. ¿Cuál es la capital de los Estados Unidos?

Página 40

95. ¿Dónde está la Estatua de la Libertad?

Página 64

B: Símbolos

96. ¿Por qué hay 13 franjas en la bandera?
Página 284

97. ¿Por qué hay 50 estrellas en la bandera?
Página 284

98. ¿Cómo se llama el himno nacional?
Página 284

C: Días Festivos

99. ¿Cuándo celebramos el Día de la Independencia?

Página 29

100. Mencione dos días festivos nacionales de los Estados Unidos.

Página 284

Bibliografía

Página 21, Middlekauff, Robert, "The Glorious Cause"

Página 22, Mahan, Alfred Thayer., "The Influence of Sea Power Upon History 1660-1783"

Página 30, Hardin, Stephen L. "Texian Iliad"

Página 31, Duggard, Martin, "The Training Ground"

Lectura recomendada

Ambrose, Stephen, "Undaunted Courage"

Belote and Belote, "Titans of the Seas"

Fischer, David Hackett, "Washington's Crossing"

Kennet, Lee, "Marching Through Georgia"

Kirkham, Ralph W. "The Mexican War Journal and Letters"

Lavender, David, "The Way to the Western Sea"

Long, Jeff, "Duel of Eagles"

Meacham, Jon, "Franklin and Winston"

Michener, James A. "The Eagle and the Raven"

Middlekauf, Robert, "The Glorious Cause"

Overy, Richard, "The Dictators"

Strachan, Hew, "The First World War"

www.ingramcontent.com/pod-product-compliance
Lightning Source LLC
Chambersburg PA
CBHW022116080426
42734CB00006B/151